KB083851

차시	날짜	빠르기	정확도	확인란
1	월 일	타	%	
2	월 일	타	%	
3	월 일	타	%	
4	월 일	타	%	
5	월 일	타	%	
6	월 일	타	%	
7	월 일	타	%	
8	월 일	타	%	
9	월 일	타	%	
10	월 일	타	%	
11	월 일	타	%	
12	월 일	타	%	

차시	날짜	빠르기	정확도	확인란
13	월 일	타	%	
14	월 일	타	%	
15	월 일	타	%	
16	월 일	타	%	
17	월 일	타	%	
18	월 일	타	%	
19	월 일	타	%	
20	월 일	타	%	
21	월 일	타	%	
22	월 일	타	%	
23	월 일	타	%	
24	월 일	타	%	

이 책의 목차

재미있는 작품들을 만들다 보면
어느새 나도 엑셀 2016 전문가!!

 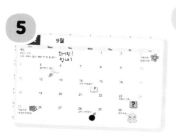

01 설레는 새 학기 시간표

드디어 방학이 끝나고 새 학기가 시작되었어요. 주원이는 예쁜 배경 그림이 있고 과목 이름이 알록달록 예쁜 시간표를 만들어 보려고 해요. 엑셀을 이용하여 빠르고 간단하게 개성 있는 나만의 시간표를 만들려면 어떻게 하면 될까요?

학습목표
» 자동 채우기 기능으로 연속 데이터를 입력할 수 있습니다.
» 떨어져 있는 여러 곳에 같은 데이터를 한 번에 입력할 수 있습니다.
» 다양한 테두리와 셀 배경색 지정으로 시간표를 꾸밀 수 있습니다.

· **실습파일** : 시간표.xlsx · **완성파일** : 시간표(완성).xlsx

 미리보기

1학기 시간표

교시 \ 요일	월요일	화요일	수요일	목요일	금요일
1교시	수학	영어	체육	국어	과학
2교시	수학	과학	음악	국어	과학
3교시	국어	미술	수학	영어	사회
4교시	국어	미술	수학	사회	사회
5교시	도덕	국어	창체	창체	체육
6교시		국어	창체		

 오늘 배울 기능

➡ **데이터 자동으로 입력하기** : 채우기 핸들 드래그
➡ **데이터 한 번에 입력하기** : Ctrl + Enter
➡ **테두리 설정하기** : [홈] 탭–[글꼴] 그룹–[테두리]

1 자동 채우기 기능으로 연속 데이터 입력하기

01 [시작(⊞)]-[ⓧ Excel 2016]을 클릭하여 엑셀 2016을 실행해요.

02 시작 화면에서 **[다른 통합 문서 열기]**를 클릭하고 열기 화면에서 **[찾아보기]**를 클릭한 후 [열기] 대화상자에서 [01차시] 폴더의 '**시간표.xlsx**'를 선택한 다음 [열기]를 클릭해요.

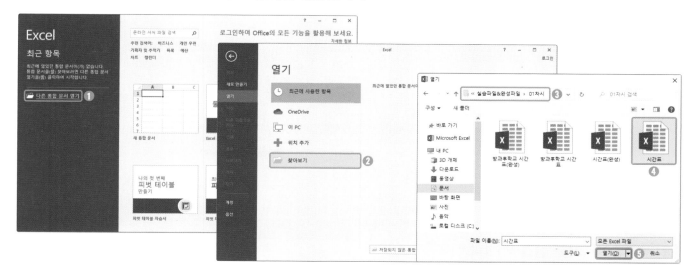

03 [D3] 셀에 **월요일**을 입력하고 채우기 핸들(▪)을 [H3] 셀까지 드래그하여 **화요일~금요일**을 자동으로 채워요.

04 [C4] 셀에 **1교시**를 입력하고 채우기 핸들을 [C9] 셀까지 드래그하여 **2교시~6교시**를 자동으로 채워요.

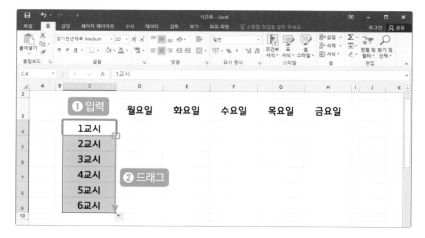

01 **국어** 과목을 한 번에 입력하기 위해 [D6:D7] 영역을 선택하고 `Ctrl`을 누른 채 [E8:E9], [G4:G5] 영역을 선택한 후 **국어**를 입력한 다음 `Ctrl`+`Enter`를 눌러요.

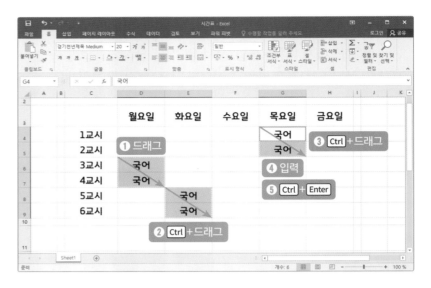

02 **국어** 과목의 글꼴 색을 변경하기 위해 **[홈] 탭-[글꼴] 그룹-[글꼴 색]-[파랑]**을 클릭해요.

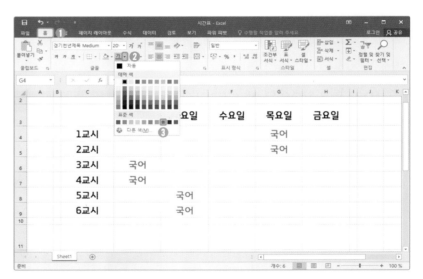

03 같은 방법으로 과목별로 **과목명**을 한 번에 입력한 후 **글꼴 색**을 변경해요.

과목	글꼴 색
수학	진한 빨강
사회	녹색
과학	자주
도덕	연한 파랑
음악	주황, 강조 2
미술	진한 파랑
체육	빨강
영어	주황
창체	연한 녹색

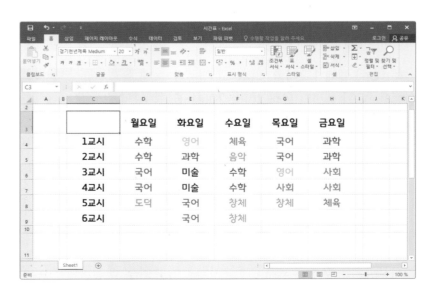

③ 시간표를 다양한 테두리로 꾸미기

01 표 테두리를 지정하기 위해 [C3:H9] 영역을 선택한 후 [홈] 탭-[글꼴] 그룹-[테두리]에서 [모든 테두리]와 [굵은 바깥쪽 테두리]를 설정해요.

02 [C3:H3] 영역과 [C3:C9] 영역을 각각 선택하여 같은 방법으로 **[굵은 바깥쪽 테두리]**를 설정해요.

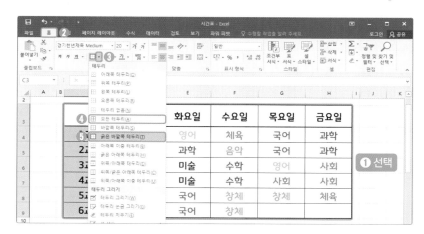

03 [G9:H9] 영역을 선택한 후 [홈] 탭-[맞춤] 그룹-[병합하고 가운데 맞춤]을 클릭해요.

04 Ctrl을 이용하여 [G9:H9] 영역과 [D9] 셀을 선택하고 Ctrl+1을 눌러 [셀 서식] 대화상자의 [테두리] 탭에서 **상향 대각선**과 **하향 대각선**을 선택한 후 [확인]을 클릭해요.

🔅 대각선 테두리를 적용할 때 [홈] 탭-[글꼴] 그룹-[테두리]-[다른 테두리]를 클릭하여 테두리를 적용해도 됩니다.

05 요일/교시가 입력될 [C3] 셀에 선 스타일을 **가는 실선**으로 선택한 후 **하향 대각선**을 적용해요.

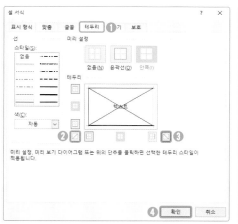
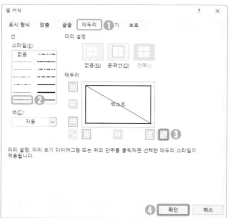

06 [C3] 셀을 선택하여 **요일**을 입력하고 Alt+Enter를 눌러 셀 내에서 줄을 바꾼 후 **교시**를 입력해요.

🔅 셀 내에서 줄을 바꾸려면 Alt+Enter를 누르면 됩니다.

07 [C3] 셀에서 [홈] 탭-[맞춤] 그룹-[왼쪽 맞춤]을 클릭하고 셀을 더블클릭하여 커서를 **요일** 앞에 위치시킨 후 Space Bar를 여러 번 눌러 오른쪽으로 이동해요.

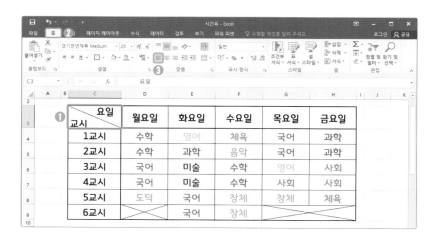

셀의 배경색을 지정하여 시간표 완성하기

01 요일/교시 부분에 색을 채우기 위해 [C3:H3], [C3:C9] 영역을 선택하고 [홈] 탭-[글꼴] 그룹-[채우기 색]-[파랑, 강조 1, 60% 더 밝게]를 클릭해요.

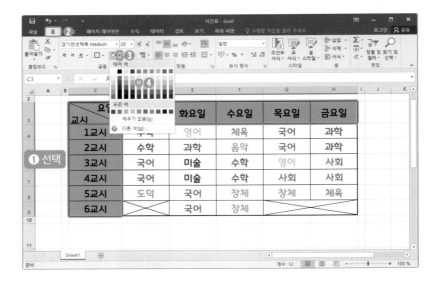

02 윗부분의 예쁜 그림과 연결되도록 [A2:A11], [A11:J11], [J2:J11] 영역을 선택한 후 [홈] 탭-[글꼴] 그룹-[채우기 색]-[다른 색]을 클릭해요.

03 [색] 대화상자의 [사용자 지정] 탭에서 다음과 같이 설정한 후 [확인]을 클릭해요.

· ❻ 빨강(111) 녹색(191) 파랑(76)

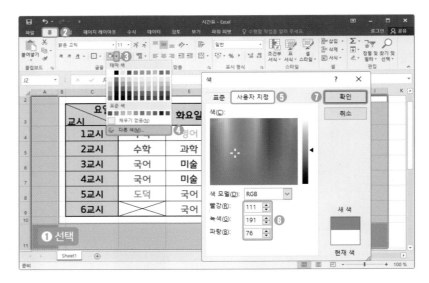

04 WordArt(워드아트)를 삽입하기 위해 [삽입] 탭-[텍스트] 그룹-[WordArt]-[A]를 클릭한 후 **1학기 시간표**를 입력해요.

· ❹ WordArt 스타일(채우기 – 흰색, 윤곽선 – 강조 2, 진한 그림자 – 강조 2)

05 [홈] 탭-[글꼴] 그룹에서 글꼴과 글꼴 크기를 지정한 후 다음과 같이 왼쪽 위로 위치를 이동해요.

· 글꼴(경기천년제목 Medium), 글꼴 크기(28pt)

혼자서 뚝딱뚝딱

1 '방과후학교 시간표.xlsx' 파일을 실행하여 내용을 입력하고 작성 조건에 따라 문서를 완성해 보세요.

· **실습파일** : 방과후학교 시간표.xlsx   · **완성파일** : 방과후학교 시간표(완성).xlsx

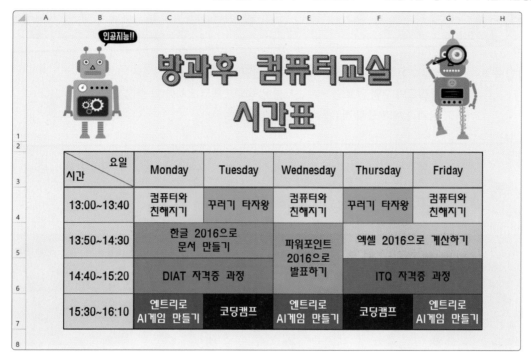

시간＼요일	Monday	Tuesday	Wednesday	Thursday	Friday
13:00~13:40	컴퓨터와 친해지기	꾸러기 타자왕	컴퓨터와 친해지기	꾸러기 타자왕	컴퓨터와 친해지기
13:50~14:30	한글 2016으로 문서 만들기		파워포인트 2016으로 발표하기	엑셀 2016으로 계산하기	
14:40~15:20	DIAT 자격증 과정			ITQ 자격증 과정	
15:30~16:10	엔트리로 AI게임 만들기	코딩캠프	엔트리로 AI게임 만들기	코딩캠프	엔트리로 AI게임 만들기

🧭 작성 조건

제목	· 텍스트 : 방과후 컴퓨터교실 시간표 · WordArt 스타일 : 무늬 채우기 – 청회색, 텍스트 2, 어두운 상향 대각선, 진한 그림자 – 텍스트 2 · 글꼴 : 휴먼모음T · 글꼴 크기 : 48pt
테두리	· [B3] : 하향 대각선 · [B3:G7] 영역 : 모든 테두리, 굵은 바깥쪽 테두리 · [B3:G3] 영역 : 아래쪽 이중 테두리 · [B3:B7] 영역 : 오른쪽 이중 테두리([셀 서식]-[테두리] 탭에서 설정)
채우기 색	· 시간표 바깥 영역 : 회색-25%, 배경 2 · 시간/요일 : 회색-25%, 배경 2, 10% 더 어둡게 · 컴퓨터와 친해지기 : 노랑 · 꾸러기 타자왕 : 연한 녹색 · 한글 2016으로 문서 만들기 : 파랑, 강조 1 · 파워포인트 2016으로 발표하기 : 주황, 강조 2 · 엑셀 2016으로 계산하기 : 황금색, 강조 4 · DIAT 자격증 과정 : 녹색 · ITQ 자격증 과정 : 파랑 · 엔트리로 AI 게임 만들기 : 자주(글꼴 색 : 흰색, 배경 1) · 코딩캠프 : 진한 파랑(글꼴 색 : 흰색, 배경 1)

02 새 학년 필수 준비물 챙기기

새 학년이 되면 선생님께서 필수 준비물을 알려주세요. 준비물 목록을 만들고 금액과 함께 구입했는지 안 했는지를 체크하면 준비물을 꼼꼼하게 준비할 수 있어요. 총 금액과 체크 표시 개수도 구해서 완벽하게 준비해 볼까요?

학습목표
» 수식을 이용하여 각 준비물의 금액을 계산할 수 있습니다.
» 구입 필요와 구입 완료 항목에 숫자를 입력하면 체크 표시를 할 수 있습니다.
» 총 금액과 체크 표시 개수를 구할 수 있습니다.

· 실습파일 : 필수 준비물.xlsx · 완성파일 : 필수 준비물(완성).xlsx

미리보기

새 학년 필수 준비물

항목	종류	유의사항	수량	단가	금액	구입 필요	구입 완료
줄공책	공책	학습, 일기공책	2	1,000	2,000	√	
영어공책	공책		1	1,000	1,000	√	
필통	필기도구	천 필통	1	8,000	8,000		√
연필	필기도구	집에서 깎아옴	4	500	2,000		√
15cm 자	필기도구	투명 자	1	800	800	√	
지우개	필기도구		1	500	500	√	
바구니	기본 학용품	서랍정리용	1	2,500	2,500	√	
가위	기본 학용품		1	2,000	2,000		√
딱풀	기본 학용품	큰 것	1	800	800		√
투명 테이프	기본 학용품		1	1,200	1,200		√
색연필	기본 학용품	12색 이상	1	2,500	2,500	√	
물티슈	위생용품		1	1,000	1,000	√	
양치도구	위생용품	칫솔, 치약, 컵	1	6,000	6,000	√	
합 계					30,300	8개	5개

오늘 배울 기능

➡ **목록에서 선택하여 입력하기** : [데이터] 탭-[데이터 도구] 그룹-[데이터 유효성 검사]-[데이터 유효성 검사]

➡ **1을 입력하면 체크 표시하기** : [셀 서식]-[표시 형식] 탭-[사용자 지정]에서 [=1]"√" 입력

➡ **자동 합계로 합계 계산하기** : [홈] 탭-[편집] 그룹-[자동 합계]-[합계]

⚑ 학용품 종류 입력하고 금액 계산하기

01 엑셀 2016 프로그램을 실행하여 [02차시] 폴더의 **'필수 준비물.xlsx'** 파일을 열어요.

02 종류를 목록에서 선택하기 위해 [C4:C16] 영역을 선택하고 **[데이터] 탭-[데이터 도구] 그룹-[데이터 유효성 검사]-[데이터 유효성 검사]**를 클릭해요.

03 [데이터 유효성] 대화상자의 **[설정] 탭**에서 제한 대상은 **목록**, 원본은 상자 안쪽을 클릭하여 **공책,필기도구,기본 학용품, 위생용품**을 입력한 후 [확인]을 클릭해요.

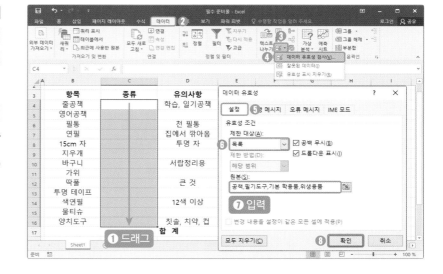

04 화살표(▼)를 클릭하면 학용품 종류 목록이 보여지며, 목록 중 하나를 선택하여 다음과 같이 입력해요.

05 금액을 계산하기 위해 **[G4]** 셀을 선택하고 **=E4*F4**를 입력해요.

06 수식을 복사하기 위해 **[G4]** 셀의 채우기 핸들을 **[G16]** 셀까지 드래그해요.

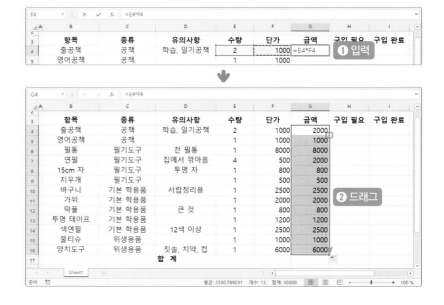

07 1000 단위 구분 기호로 서식을 지정하기 위해 [F4:G16] 영역을 선택한 후 [홈] 탭-[표시 형식] 그룹-[쉼표 스타일]을 클릭해요.

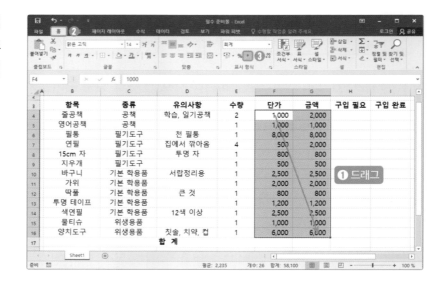

 2 체크 표시(√) 쉽게 입력하기

01 구입 필요와 구입 완료 항목에 숫자 **1**을 입력하면 **체크 표시**가 입력되도록 하기 위해 [H4:I16] 영역을 선택해요.

02 Ctrl+1을 눌러 [셀 서식] 대화상자의 [표시 형식] 탭-[사용자 지정]의 형식에 [=1]"√"을 입력한 후 [확인]을 클릭해요.

💡 체크 표시(√)는 ㄷ을 입력하고 한자를 눌러서 입력합니다.

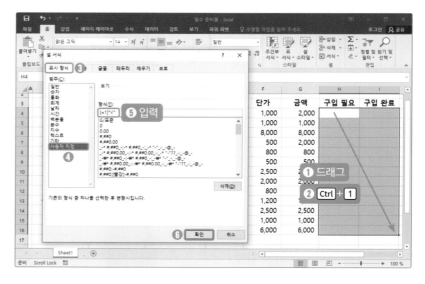

03 다음과 같이 각 항목에 **1**을 입력하여 체크 표시를 해요.

항목	종류	유의사항	수량	단가	금액	구입 필요	구입 완료
줄공책	공책	학습, 일기공책	2	1,000	2,000	√	
영어공책	공책		1	1,000	1,000	√	
필통	필기도구	천 필통	1	8,000	8,000		√
연필	필기도구	집에서 깎아옴	4	500	2,000		√
15cm 자	필기도구	투명 자	1	800	800	√	
지우개	필기도구		1	500	500	√	
바구니	기본 학용품	서랍정리용	1	2,500	2,500	√	
가위	기본 학용품		1	2,000	2,000		√
딱풀	기본 학용품	큰 것	1	800	800		√
투명 테이프	기본 학용품		1	1,200	1,200		√
색연필	기본 학용품	12색 이상	1	2,500	2,500		
물티슈	위생용품		1	1,000	1,000	√	
양치도구	위생용품	칫솔, 치약, 컵	1	6,000	6,000	√	
		합 계					

3 총 금액과 체크 표시 개수 구하기

01 금액의 합계를 구하기 위해 [G17] 셀을 선택하고 [홈] 탭-[편집] 그룹-[자동 합계]-[합계]를 클릭한 후 Enter 를 눌러요.

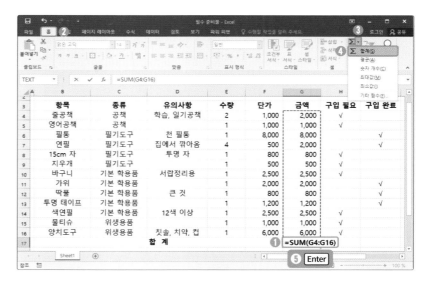

02 구입 필요 항목의 체크 표시 개수를 구하기 위해 [H17] 셀을 선택하고 [홈] 탭-[편집] 그룹-[자동 합계]-[합계]를 클릭한 후 영역을 [H4:H16]로 변경한 다음 Enter 를 눌러요.

💡 합계를 구할 때 자동으로 지정되는 영역이 원하는 범위가 아닐 경우에는 Enter 를 누르기 전에 영역을 다시 선택합니다.

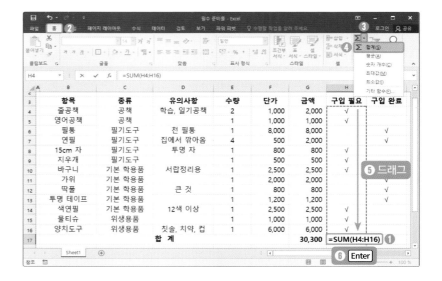

03 수식을 복사하기 위해 [H17] 셀의 채우기 핸들을 [I17] 셀까지 드래그해요.

04 체크 표시 개수 뒤에 **개**가 자동으로 표시되도록 [H17:I17] 영역을 선택하고 Ctrl +1을 눌러 [셀 서식] 대화상자의 [표시 형식] 탭-[사용자 지정]의 형식에 0"개"를 입력한 후 [확인]을 클릭해요.

05 [H17:I17] 영역이 선택된 상태에서 [홈] 탭-[맞춤] 그룹에서 텍스트 맞춤을 설정해요.

· **②** 텍스트 맞춤(가로 가운데 맞춤)

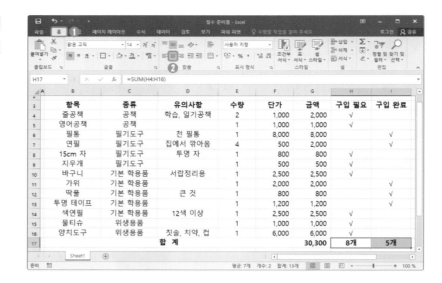

---

4 표 꾸미기

01 표 테두리를 지정하기 위해 [B3:I17] 영역을 선택한 후 [홈] 탭-[글꼴] 그룹-[테두리]에서 [모든 테두리]와 [굵은 바깥쪽 테두리]를 설정해요.

02 같은 방법으로 [B4:I16] 영역을 선택하여 [굵은 바깥쪽 테두리]를 설정해요.

03 Ctrl을 이용하여 [B3:I3] 영역과 [B17:I17] 영역을 선택하고 [홈] 탭-[글꼴] 그룹-[채우기 색]-[연한 녹색]을 클릭해요.

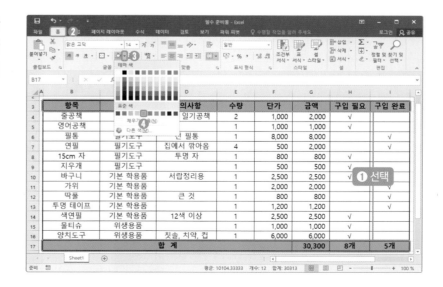

혼자서 뚝딱뚝딱

1 '자가 진단.xlsx' 파일을 실행하여 작성 조건에 따라 문서를 완성해 보세요.

· 실습파일 : 자가 진단.xlsx   · 완성파일 : 자가 진단(완성).xlsx

건강상태 자가진단

| 학교 | 하늘초등학교 | 이름 | 서지우 | 학년 | 3 | 반 | 2 |

번호	항목	예	아니오
1	학생 본인이 37.5℃ 이상 발열 또는 발열감이 있나요?		★
2	학생 본인에게 코로나19가 의심되는 아래의 증상이 있나요? (기침, 호흡곤란, 오한, 근육통, 두통, 인후통, 후각·미각 소실)		★
3	학생 본인 또는 동거인이 방역당국에 의해 현재 자가격리가 이루어지고 있나요?		★

작성 조건

글꼴	· 굵게 : "학교", "이름", "학년", "반", "번호", "항목", "예", "아니오"
셀 서식	· [B3] : [셀 서식]-[표시 형식] 탭-[사용자 지정]의 형식에 @"초등학교" 입력
데이터 유효성 검사	· 학년과 반을 목록에서 선택하여 입력 · [데이터] 탭-[데이터 도구] 그룹-[데이터 유효성 검사]-[데이터 유효성 검사] · [H3] : 제한 대상(목록), 원본(1,2,3,4,5,6) · [K3] : 제한 대상(목록), 원본(1,2,3,4,5,6,7,8,9,10)
★ 표시	· [J6:K8] : 0을 입력하면 ★ 표시하기 · [셀 서식]-[표시 형식] 탭-[사용자 지정]의 형식에 [=0]"★" 입력
채우기 색	· [A3], [D3], [G3], [J3] : 회색-25%, 배경 2, 10% 더 어둡게 · [A5:K5] : 황금색, 강조 4 · [A6:K8] : 황금색, 강조 4, 80% 더 밝게
테두리	· [A3:B3], [D3:E3], [G3:H3], [J3:K3] : 굵은 바깥쪽 테두리 · [A5:K8] : 모든 테두리, 굵은 바깥쪽 테두리

03

우리 반 좌석 배치도

하윤이는 신학기라서 학생들의 이름을 잘 기억하지 못하시는 선생님을 위해 좌석 배치도를 만들기로 했어요. 좌석 배치도에서 주요 내용을 메모할 수 있고, 이름을 클릭하면 학생 정보와 연결되게 하고 싶어요. 기능이 다양한 '우리 반 좌석 배치도'를 엑셀로 만들어 볼까요?

학습목표
» 메모를 삽입하고 메모 서식을 설정할 수 있습니다.
» 학생 정보를 이름 순으로 정렬할 수 있습니다.
» 좌석 배치도의 이름을 클릭하면 해당 학생의 정보로 이동할 수 있습니다.

• 실습파일 : 좌석배치도.xlsx, 신예준.jpg, 뒤로.png   • 완성파일 : 좌석배치도(완성).xlsx

 미리보기

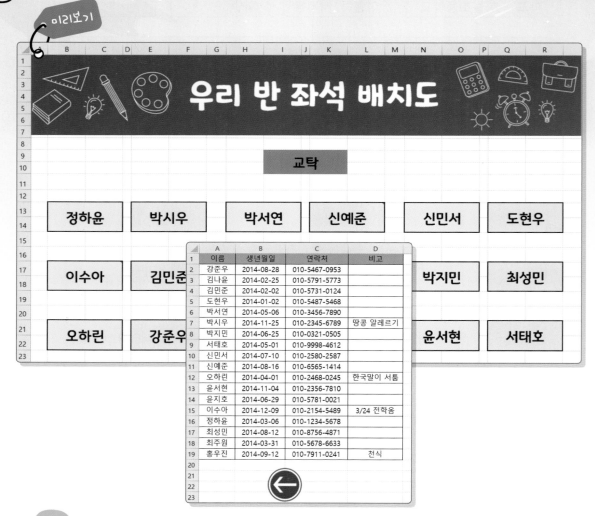

 오늘 배울 기능

➡ **메모 서식 지정하기** : 메모의 테두리에서 마우스 오른쪽 버튼을 클릭 후 [메모 서식]

➡ **데이터 오름차순 정렬하기** : [데이터] 탭-[정렬 및 필터] 그룹-[텍스트 오름차순 정렬]

➡ **학생 정보 연결시키기** : [삽입] 탭-[링크] 그룹-[하이퍼링크]

1 좌석 배치도에 메모 삽입하고 서식 설정하기

01 엑셀 2016 프로그램을 실행하여 [03 차시] 폴더의 '**좌석배치도.xlsx**' 파일을 열어요.

02 좌석 배치도에 메모를 삽입하기 위해 **[B17]** 셀을 선택하고 마우스 오른쪽 버튼을 클릭하여 **[메모 삽입]**을 클릭해요.

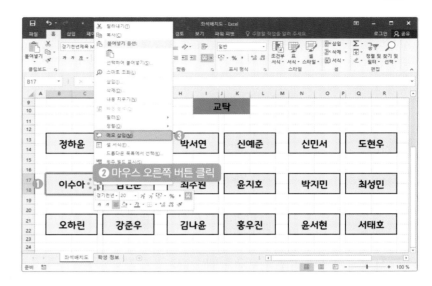

03 컴퓨터 사용자 이름을 지우고 다음과 같이 내용을 입력해요.

• 텍스트(1학기 학급회장 책임감이 강함)

04 메모 서식을 설정하기 위해 메모 글상자의 테두리에서 마우스 오른쪽 버튼을 클릭하여 **[메모 서식]**을 클릭해요.

메모 안에서 마우스 오른쪽 버튼을 클릭하여 [메모 서식]을 클릭하면 글꼴만 변경할 수 있습니다.

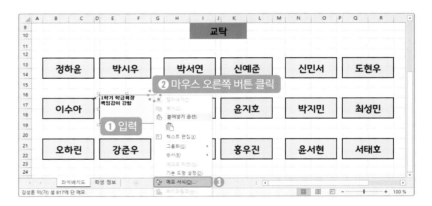

05 [메모 서식] 대화상자에서 다음과 같이 서식을 설정하고 [확인]을 클릭해요.

• [글꼴] 탭 : 글꼴(맑은 고딕), 글꼴 스타일(굵은 기울임꼴), 크기(12pt), 색(진한 파랑)
• [맞춤] 탭 : '자동 크기' 체크
• [색 및 선] 탭 : 채우기 색(노랑)

'자동 크기'는 메모 상자의 크기가 텍스트에 맞춰서 자동으로 조절되는 기능입니다.

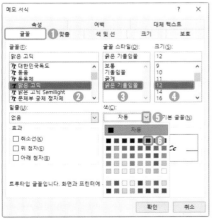

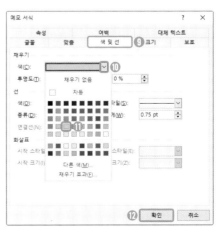

06 마우스 포인터를 **이수아** 셀에 위치시키면 메모가 나타나요.

２ 메모를 그림으로 채우기

01 [K13] 셀을 선택하고 마우스 오른쪽 버튼을 클릭한 후 [메모 삽입]을 클릭해요.

02 컴퓨터 사용자 이름을 지우고 메모 글상자의 테두리에서 마우스 오른쪽 버튼을 클릭하여 [메모 서식]을 클릭해요.

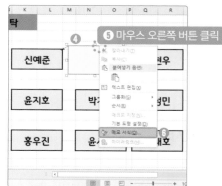

03 [메모 서식] 대화상자의 [색 및 선] 탭에서 채우기 색을 클릭하여 [채우기 효과]를 클릭해요.

04 [채우기 효과] 대화상자의 [그림] 탭에서 [그림 선택]을 클릭해요.

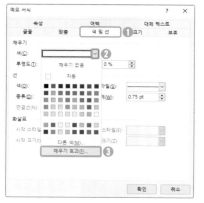

05 [그림 삽입] 창에서 **[파일에서]-[찾아보기]**를 클릭한 후 [그림 삽입] 대화상자에서 [03차시] 폴더의 '**신예준.jpg**'를 선택하고 [삽입]을 클릭해요.

06 이어서 [채우기 효과] 대화상자의 [확인]과 [메모 서식] 대화상자의 [확인]을 클릭해요.

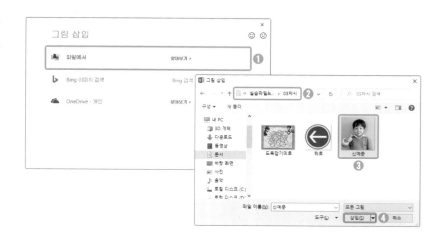

07 예준이의 사진이 나타나면 크기 조정 핸들을 드래그하여 크기를 조정해요.

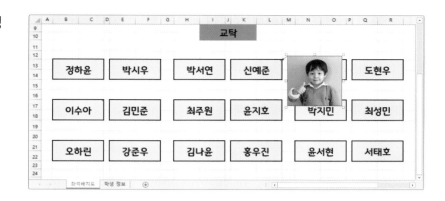

 ③ 좌석 배치도와 학생 정보 연결시키기

01 [학생 정보] 시트의 [A2] 셀을 선택한 후 [데이터] 탭-[정렬 및 필터] 그룹-[텍스트 오름차순 정렬(⬇)]을 클릭하여 이름 오름차순으로 정렬해요.

> 🔍 영역을 지정하지 않고 정렬을 실행하면 A열을 기준으로 하여 데이터 영역 전체의 순서가 함께 변경됩니다.

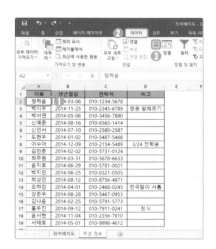

02 좌석 배치도에서 이름을 클릭하면 해당 학생 정보로 이동하기 위해 **[좌석배치도]** 시트의 **정하윤** 셀을 선택하고 **[삽입] 탭-[링크] 그룹-[하이퍼링크]**를 클릭해요.

> 🔍 하이퍼링크를 삽입할 때 개체를 마우스 오른쪽 버튼을 클릭하여 [하이퍼링크]를 클릭해도 됩니다.

03 [하이퍼링크 삽입] 대화상자에서 다음과 같이 설정한 후 [확인]을 클릭해요.
- ④ 연결 대상(현재 문서) ⑤ 이 문서에서 위치 선택('학생 정보') ⑥ 참조할 셀 입력(A16)

04 **정하윤** 셀의 이름을 클릭하여 [학생 정보] 시트에 있는 정하윤 학생의 정보로 이동해 보세요.

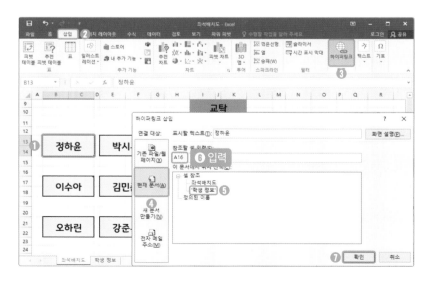

05 같은 방법으로 좌석 배치도에서 나머지 학생들의 이름을 클릭하면 해당 학생 정보로 이동하도록 설정해요.

- 박시우(A7), 박서연(A6), 신예준(A11), 신민서(A10), 도현우(A5), 이수아(A15), 김민준(A4), 최주원(A18), 윤지호(A14), 박지민(A8), 최성민(A17), 오하린(A12), 강준우(A2), 김나윤(A3), 홍우진(A19), 윤서현(A13), 서태호(A9)

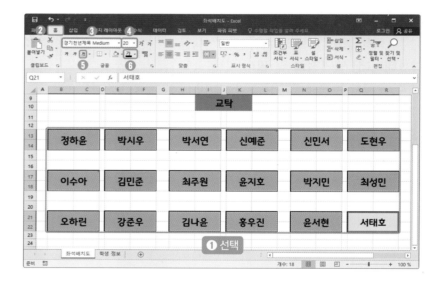

06 [Ctrl]을 이용하여 학생 셀들을 모두 선택한 후 [홈] 탭-[글꼴] 그룹에서 글꼴과 글꼴 크기, 밑줄 해제, 글꼴 색을 지정해요.

- ❸ 글꼴(경기천년제목 Medium) ❹ 글꼴 크기 (20pt) ❺ 밑줄 해제 ❻ 글꼴 색(검정, 텍스트 1)

07 [학생 정보] 시트에서 [좌석배치도] 시트로 되돌아가는 버튼을 만들기 위해 [학생 정보] 시트를 선택하고 [삽입] 탭-[일러스트레이션] 그룹-[그림]을 클릭하여 '뒤로.png'를 삽입한 후 위치를 조정해요.

08 [삽입] 탭-[링크] 그룹-[하이퍼링크]를 클릭하여 [하이퍼링크 삽입] 대화상자에서 다음과 같이 설정한 후 [확인]을 클릭해요.

- ❹ 연결 대상(현재 문서) ❺ 이 문서에서 위치 선택 ('좌석배치도') ❻ 참조할 셀 입력(A1)

1 새 통합 문서에서 작성 조건에 따라 문서를 완성해 보세요.

· **실습파일** : 이미지 파일(도둑잡기미로)　　· **완성파일** : 도둑잡기미로(완성).xlsx

🧭 **작성 조건**

그림 삽입	· [삽입] 탭-[일러스트레이션] 그룹-[그림]을 클릭하여 '도둑잡기미로' 삽입 · [A1:L29] 영역
[게임 설명]	· [A31:C33] 영역 · [홈] 탭-[맞춤] 그룹-[병합하고 가운데 맞춤] · 글꼴 : 휴먼엑스포 · 글꼴 크기 : 20pt · 채우기 색 : 주황, 강조 2, 50% 더 어둡게 · 글꼴 색 : 노랑
메모 삽입	· [A31] · [메모 서식] 대화상자 　- [글꼴] 탭에서 글꼴 스타일 '굵게', 크기 '11pt' 　- [맞춤] 탭에서 '자동 크기' 체크
선	· [삽입] 탭-[일러스트레이션] 그룹-[도형]-[선]-[자유 곡선(✎)]을 클릭하여 그림

04 두근두근 사다리 게임

주원이는 학교에서 쉬는 시간에 친구들과 함께 어떤 놀이를 할지 사다리 게임을 이용해 결정하려고 해요. 가슴을 두근두근 뛰게 하는 사다리 게임을 엑셀로 만들어서 어떤 놀이가 나오는지 다 함께 만들어 볼까요?

학습목표
» 놀이 그림과 무당벌레 그림을 삽입할 수 있습니다.
» 선을 그리고 선 색과 두께를 지정할 수 있습니다.
» 사다리를 아래로 스크롤해도 사다리 윗부분이 계속 표시되게 할 수 있습니다.

· **실습파일** : 사다리 게임.xlsx, 놀이1~5.png, 무당벌레1~5.png   · **완성파일** : 사다리 게임(완성).xlsx

미리보기

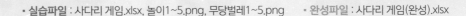

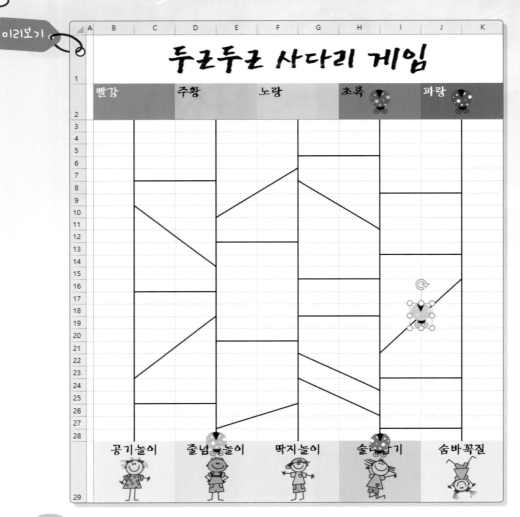

오늘 배울 기능

➡ **그림 삽입하기** : [삽입] 탭-[일러스트레이션] 그룹-[그림]

➡ **선 색과 두께 지정하기** : [그리기 도구-서식] 탭-[도형 스타일] 그룹-[도형 윤곽선]

➡ **틀 고정하기** : [보기] 탭-[창] 그룹-[틀 고정]-[틀 고정]

① 그림 삽입하기

01 엑셀 2016 프로그램을 실행하여 [04차시] 폴더의 '**사다리 게임.xlsx**' 파일을 열어요.

02 사다리가 화면에 모두 보이도록 오른쪽 아래의 [**축소(➖)**]를 클릭하여 80~90% 정도로 축소해요.

03 알록달록 무당벌레와 놀이 그림을 삽입하기 위해 [**삽입**] 탭-[**일러스트레이션**] 그룹-[그림]을 클릭한 후 [그림 삽입] 대화상자에서 [04차시] 폴더의 '**놀이1.png**'를 클릭하고 [Shift]를 누른 채 '**무당벌레5.png**'를 클릭하여 연속으로 선택한 다음 [삽입]을 클릭해요.

04 삽입된 그림들을 드래그하여 다음과 같이 위치시켜요.

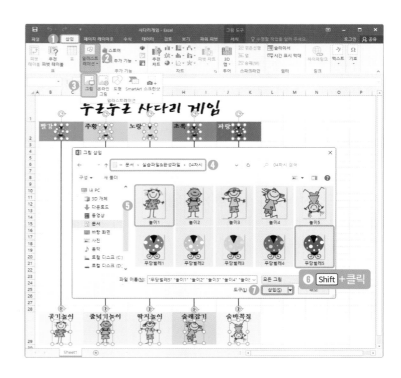

② 테두리와 선으로 지그재그 사다리 그리기

01 가로 선을 여러 개 그리기 위해 [Ctrl]을 이용하여 다음과 같이 각 세로 선 사이에 2~4개의 영역을 선택한 후 [**홈**] 탭-[**글꼴**] 그룹-[**테두리**]-[**굵은 아래쪽 테두리**]를 클릭해요.

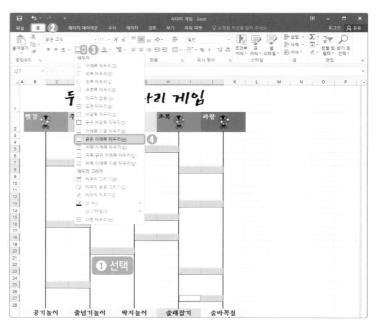

02 대각선을 그리기 위해 **[삽입] 탭-[일러스트레이션] 그룹-[도형]-[선]-[선(\\)]** 을 클릭하여 [Alt]를 누른 채 드래그하여 꼭 짓점이 가로 선과 겹치지 않도록 그려 줘요.

💡 선을 그릴 때 [Alt]를 누른 채 드래그하면 눈금선이 만나는 부분에 자석처럼 붙어서 쉽게 그릴 수 있습니다.

03 선의 색과 두께를 지정하기 위해 **[그리기 도구-서식] 탭-[도형 스타일] 그룹-[도형 윤곽선]**을 클릭하여 선 색과 두께를 다음과 같이 지정해요.

· ❸ 선 색(검정, 텍스트 1) ❺ 두께(1½pt)

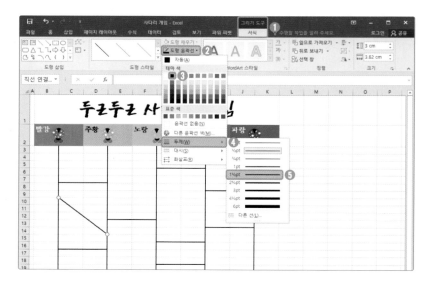

04 [Ctrl]+[D]를 **7번** 눌러 선을 복제한 후 다음과 같이 세로 선 사이사이에 대각선을 그려 주세요.

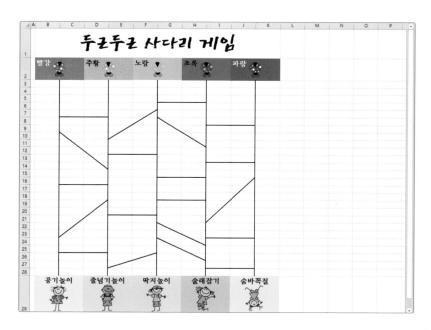

③ 틀 고정을 이용하여 움직이는 사다리 만들기

01 3행부터 움직이는 사다리를 만들기 위해 [B3] 셀을 선택하고 [보기] 탭-[창] 그룹-[틀 고정]-[틀 고정]을 클릭해요.

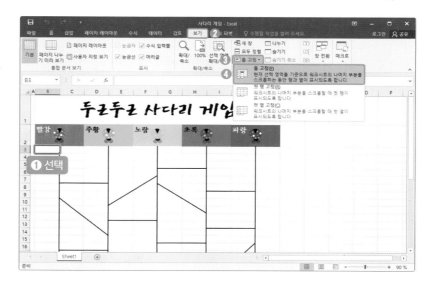

02 마우스 휠을 위아래로 드래그하면 사다리 부분이 움직여요.

03 사다리 게임 결과를 미리 알 수 없도록 오른쪽 아래의 [확대(➕)]를 클릭하여 130% 정도로 확대해요.

04 친구들이 선택한 색상의 무당벌레를 드래그하며 움직이다가 화면 아래쪽에 닿으면 마우스 휠을 이용하여 사다리를 움직여서 어떤 결과가 나오는지 게임해 보세요.

혼자서 뚝딱뚝딱

1 '주사위 게임.xlsx' 파일을 실행하여 내용을 입력하고 작성 조건에 따라 문서를 완성해 보세요.

· 실습파일 : 주사위 게임.xlsx, 이미지 파일(사다리, 소녀, 소년)   · 완성파일 : 주사위 게임(완성).xlsx

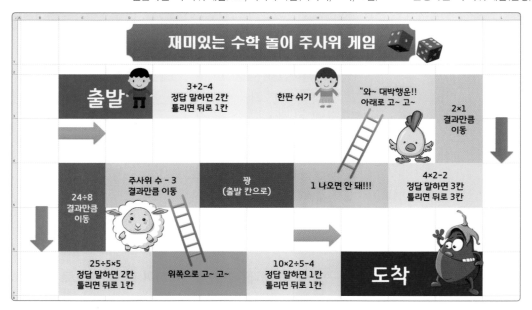

 작성 조건

×, ÷ 기호 삽입	· 자음 "ㄷ"을 입력하고 [한자]를 눌러 기호 선택
그림 삽입	· [삽입] 탭-[일러스트레이션] 그룹-[그림]을 클릭하여 '사다리', '소녀', '소년' 삽입 · '사다리'는 이미지 크기를 조절하여 [I4] 셀로 이동한 후 회전 조절점을 이용해 오른쪽 방향으로 회전 · [Ctrl]을 누른 채 사다리를 드래그하여 [E6] 셀에 복사한 후 회전 조절점을 이용해 왼쪽 방향으로 회전
화살표 도형 삽입	· [삽입] 탭-[일러스트레이션] 그룹-[도형]-[블록 화살표]-[오른쪽 화살표(⇨)] · [그리기 도구-서식] 탭-[도형 스타일] 그룹에서 도형 스타일 지정 　－ 강한 효과 － 주황, 강조 2 　－ 강한 효과 － 파랑, 강조 5 　－ 강한 효과 － 녹색, 강조 6 　－ 강한 효과 － 회색-50%, 강조 3 · [그리기 도구-서식] 탭-[정렬] 그룹-[회전]-[오른쪽으로 90도 회전] 메뉴를 이용하거나 회전 핸들을 드래그하여 회전
게임	· 주사위를 던져 나온 수만큼 '소년', '소녀' 이미지를 이동하면서 게임 진행

💡 웹 브라우저를 실행하여 구글(www.google.com)에서 "주사위 던지기"로 검색하면 주사위를 던질 수 있습니다.

05 귀염뿜뿜 스티커 다이어리

다이어리를 사용하면 일정이나 계획을 정리하는 데 많은 도움이 된답니다. 하지만 주원이는 글씨
가 예쁘지 않고 꾸미기도 자신이 없어서 계속 망설이고 있어요. 누구나 쉽게 쓸 수 있도록 엑셀로
깔끔한 다이어리를 만들고 손그림 느낌이 나는 스티커로 예쁘게 꾸며 볼까요?

학습목표
» 다이어리의 연도와 월을 목록에서 선택하여 입력할 수 있습니다.
» 자동 채우기 기능으로 요일과 날짜를 빠르게 입력할 수 있습니다.
» 스티커를 활용하여 다이어리를 예쁘게 꾸밀 수 있습니다.

· 실습파일 : 스티커 다이어리.xlsx　　· 완성파일 : 스티커 다이어리(완성).xlsx

➡ **눈금선 숨기기** : [보기] 탭-[표시] 그룹-눈금선 체크 해제
➡ **목록에서 선택하여 입력하기** : [데이터] 탭-[데이터 도구] 그룹-[데이터 유효성 검사]-[데이터 유효성 검사]
➡ **텍스트를 위쪽에 맞추기** : [홈] 탭-[맞춤] 그룹-[위쪽 맞춤]

01 엑셀 2016 프로그램을 실행하여 [05 차시] 폴더의 '**스티커 다이어리.xlsx**' 파일을 열어요.

02 눈금선을 숨기기 위해 [**보기**] **탭**-[**표시**] **그룹**에서 [**눈금선**]을 체크 해제해요.

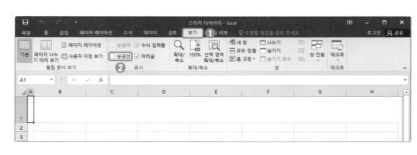

03 연도를 목록에서 선택하기 위해 [B1] 셀을 선택하고 [**데이터**] **탭**-[**데이터 도구**] **그룹**-[**데이터 유효성 검사**]-[**데이터 유효성 검사**]를 클릭해요.

04 [**데이터 유효성**] 대화상자의 [**설정**] **탭**에서 제한 대상은 **목록**, 원본은 상자 안쪽을 클릭하여 **2021,2022,2023,2024, 2025**를 입력한 후 [**확인**]을 클릭해요.

05 화살표(▼)를 클릭하면 연도 목록이 보여지며, 목록 중 하나를 선택하여 입력해요.

06 [**홈**] **탭**-[**글꼴**] **그룹**에서 글꼴을 설정하고 [**맞춤**] **그룹**에서 텍스트 맞춤을 설정해요.

· ❹ 글꼴 크기(28pt) ❺ 글꼴 스타일(굵게) ❻ 채우기 색(진한 파랑) ❼ 글꼴 색(흰색, 배경 1)
· ❽ 텍스트 맞춤(가로 가운데 맞춤)

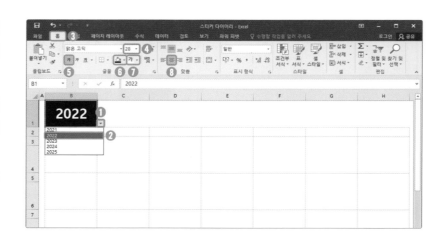

07 월이 입력될 [C1:D1] 영역을 선택한 후 [**홈**] **탭**-[**맞춤**] **그룹**-[**병합하고 가운데 맞춤**]을 클릭해요.

08 월을 목록에서 선택하기 위해 **[데이터] 탭-[데이터 도구] 그룹-[데이터 유효성 검사]-[데이터 유효성 검사]**를 클릭해요.

09 **[데이터 유효성]** 대화상자의 **[설정] 탭**에서 제한 대상은 **목록**, 원본은 상자 안쪽을 클릭하여 **1월,2월,3월,4월,5월,6월,7월,8월,9월,10월,11월,12월**을 입력한 후 **[확인]**을 클릭해요.

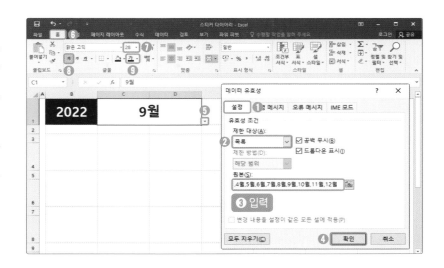

10 화살표(▼)를 클릭하여 목록 중 하나를 선택하여 입력한 후 **[홈] 탭-[글꼴] 그룹**에서 다음과 같이 설정해요.

· ❻ 글꼴 크기(28pt) ❼ 글꼴 스타일(굵게) ❽ 글꼴 색(진한 파랑)

---

 2 요일과 날짜 입력하고 메모란 만들기

01 **[B2]** 셀에 Sun을 입력하고 채우기 핸들을 **[H2]** 셀까지 드래그하여 Mon~Sat을 자동으로 채워요.

02 **[홈] 탭-[글꼴] 그룹**에서 글꼴 스타일과 채우기 색을 설정한 후 **[맞춤] 그룹**에서 텍스트 맞춤을 설정해요.

· ❷ 글꼴 스타일(굵게) ❸ 채우기 색(파랑, 강조 5, 80% 더 밝게)
· ❹ 텍스트 맞춤(가로 가운데 맞춤)

03 **[F3]** 셀에 1을 입력하고 Ctrl을 누른 채 채우기 핸들을 **[H3]** 셀까지 드래그하여 2~3을 자동으로 채워요.

04 **[홈] 탭-[글꼴] 그룹**에서 글꼴 크기를 설정한 후 **[맞춤] 그룹**에서 텍스트 맞춤을 설정해요.

· ❹ 글꼴 크기(16pt) ❺ 텍스트 맞춤(왼쪽 맞춤)

05 같은 방법으로 **일요일(Sun)에 해당하는 날짜**만 입력하고 각각 자동 채우기 기능으로 나머지 날짜를 입력한 후 글꼴 크기와 텍스트 맞춤을 설정해요.

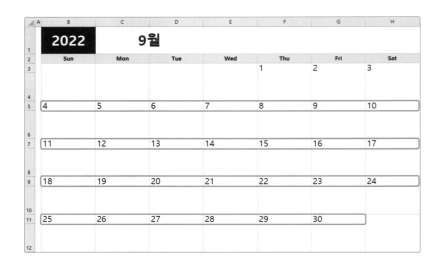

06 [Ctrl]을 이용하여 **일요일**의 요일과 날짜 셀을 선택하여 [**홈**] 탭-[**글꼴**] 그룹-[**글꼴 색**]-[**빨강**]을 클릭해요.

07 같은 방법으로 **토요일**의 요일과 날짜 셀을 선택하여 글꼴 색을 [**파랑**]으로 지정해요.

08 메모란을 만들기 위해 [B3:E3] 영역을 선택하고 [Ctrl]을 누른 채 [B4:E4] 영역을 선택한 후 [**홈**] 탭-[**맞춤**] 그룹에서 [**병합하고 가운데 맞춤**]과 [**왼쪽 맞춤**]을 순서대로 클릭해요.

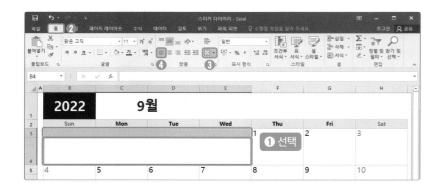

09 [B3] 셀에 **메모 :**를 입력해요.

③ 일정 입력하고 다이어리 꾸미기

01 메모와 일정을 세로 위쪽 맞춤하기 위해 Ctrl을 이용하여 [B4:H4], [B6:H6], [B8:H8], [B10:H10], [B12:H12] 영역을 선택한 후 **[맞춤] 그룹-[위쪽 맞춤]**을 클릭해요.

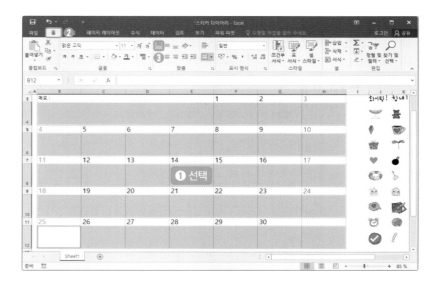

02 다음과 같이 **메모**와 **일정**을 입력해요.

💡 셀 내에서 줄을 바꾸려면 Alt + Enter를 누르면 됩니다.

Sun	Mon	Tue	Wed	Thu	Fri	Sat
메모 : 2학기 시작 숙제 미루지 않기, 매주 책 한 권 읽기				1	2	3 가족여행 (단풍구경)
4	5 할아버지 생신	6	7	8	9	10
11	12	13	14 국어 단원평가	15	16	17
18	19	20	21	22	23 박물관 견학	24
25 미술대회 (뚝섬한강공원)	26	27	28 과학 수행평가	29	30 체육대회	

03 오른쪽의 **스티커**를 Ctrl을 누른 채 드래그하여 다이어리를 예쁘게 꾸며 보세요.

혼자서 뚝딱뚝딱

1 '하루공책.xlsx' 파일을 실행하여 내용을 입력하고 작성 조건에 따라 문서를 완성해 보세요.

• **실습파일** : 하루공책.xlsx, 이미지 파일(관점, 원주, 연소, think) • **완성파일** : 하루공책(완성).xlsx

	A	B	C	D	E	F	G	H	I	J	K
1											
2		2021년	10월	25일	수요일						
3											
4		1교시 국어		* 글쓴이의 생각을 파악하여 글을 읽어야 하는 까닭 알기							
5				* 관점 : 사물이나 현상에 대하여 생각하는 태도나 방향							
6		5. 글에 담긴		* 제목은 글쓴이의 성격을 잘 드러낼 수 있어야 한다.							
7		생각과 비교해요.		* 글 내용만 이해 읽기 vs 글쓴이의 생각을 파악하며 읽기							
8											

2교시 수학 — 5. 원의 넓이
* 원주와 지름의 관계 알아보기
* 원주 : 원의 둘레
* (정육각형의 둘레) < 원주 < (정사각형의 둘레)
* 원주는 지름의 3배보다 길고, 4배보다 짧다.

3교시 과학 — 3. 연소와 소화
* 초와 알코올이 탈 때 나타나는 현상
① 불꽃 주변이 밝고 따뜻해진다.
② 물질이 빛과 열을 내면서 탄다.
③ 물질의 무게가 줄어든다.
④ 물질의 양이 줄어든다.

4교시 영어 — 9. What do you think?
* A : It looks fun. What do you think?
B : I think so, too.
C : I don't think so. I think it's boring.

What do you think?

작성 조건

데이터 유효성 검사	• 연, 월, 일, 요일, 교시, 과목을 목록에서 선택하여 입력 • [데이터] 탭-[데이터 도구] 그룹-[데이터 유효성 검사]-[데이터 유효성 검사] • [B2] 셀 : 제한 대상(목록), 원본(2021,2022,2023,2024,2025) • [C2] 셀 : 제한 대상(목록), 원본(1,2,3,4,5,6,7,8,9,10,11,12) • [D2] 셀 : 제한 대상(목록), 원본(1,2,3, …, 31) • [E2] 셀 : 제한 대상(목록), 원본(월요일,화요일,수요일,목요일,금요일) • [B4], [B9], [B14], [B20] 셀 : 제한 대상(목록), 원본(1,2,3,4,5,6,7) • [C4], [C9], [C14], [C20] 셀 : 제한 대상(목록), 원본(국어,수학,사회,과학,영어, 도덕,실과) • "년", "월", "일", "교시"는 자동으로 입력되도록 설정되어 있음
그림 삽입	• [삽입] 탭-[일러스트레이션] 그룹-[그림]을 클릭하여 '관점', '원주', '연소', 'think' 삽입
학습주제	• [B5:C8], [B10:C13], [B15:C19], [B21:C23] 영역 • [홈] 탭-[맞춤] 그룹-[병합하고 가운데 맞춤]

32

06 암호로 보호되는 비밀 일기장

컴퓨터로 매일 일기를 쓰고 있는 하윤이는 장난꾸러기 동생이 몰래 훔쳐보거나 내용을 바꿔버릴까 봐 늘 걱정이에요. 그래서 일기장 파일을 열거나 내용을 수정할 때 암호를 입력해야 하는 비밀 일기장이 있으면 좋겠다고 생각했어요. 하윤이와 함께 비밀 일기장을 만들어 볼까요?

학습목표
» 표지의 버튼을 클릭하면 속지로 이동하도록 할 수 있습니다.
» 날짜와 시간의 표시 형식을 원하는 대로 변경할 수 있습니다.
» 파일을 열 때와 내용을 수정할 때 암호로 보호할 수 있습니다.

· **실습파일** : 비밀 일기장.xlsx · **완성파일** : 비밀 일기장(보호).xlsx

미리보기

오늘 배울 기능
➤ **도형 클릭 시 다른 위치로 이동하기** : [삽입] 탭-[링크] 그룹-[하이퍼링크]
➤ **시트 보호 암호 지정하기** : 시트 탭에서 마우스 오른쪽 버튼을 클릭 후 [시트 보호]
➤ **파일 열기 암호 지정하기** : [파일]-[다른 이름으로 저장]-[도구]-[일반 옵션]

01 엑셀 2016 프로그램을 실행하여 [06차시] 폴더의 '**비밀 일기장.xlsx**' 파일을 열어요.

02 일기장 표지가 모두 보이도록 오른쪽 아래의 [**축소(−)**]를 클릭하여 80% 정도로 축소해요.

03 다른 시트로 연결하여 이동하기 위한 화살표를 그리기 위해 [**삽입**] 탭-[**일러스트레이션**] 그룹-[**도형**]-[**블록 화살표**]-[**오른쪽 화살표( )**]를 클릭하여 표지 오른쪽 아래에 드래그하여 그려요.

04 [**그리기 도구-서식**] 탭-[**도형 스타일**] 그룹에서 도형 스타일을 지정해요.

· ❸ 도형 스타일(강한 효과 – 황금색, 강조 4)

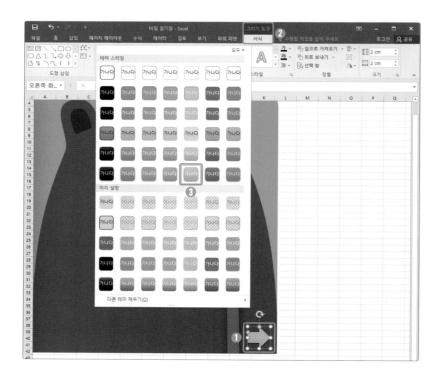

05 화살표 도형을 클릭하면 [**속지**] 시트의 날짜 입력 부분으로 이동하기 위해 [**삽입**] 탭-[**링크**] 그룹-[**하이퍼링크**]를 클릭해요.

🐾 하이퍼링크를 삽입할 때 개체를 마우스 오른쪽 버튼으로 클릭하여 [하이퍼링크]를 클릭해도 됩니다.

06 [**하이퍼링크 삽입**] 대화상자에서 다음과 같이 설정한 후 [**확인**]을 클릭해요.

· ❸ 연결 대상(현재 문서) ❹ 이 문서에서 위치 선택('속지') ❺ 참조할 셀 입력(B2)

07 화살표를 클릭하여 [**속지**] 시트의 날짜 입력 셀로 이동해 보세요.

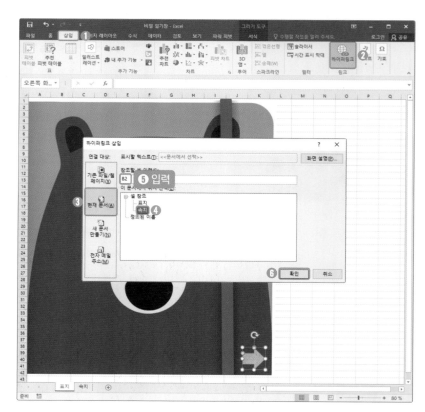

2 시트 복사하고 셀 서식 지정하기

01 일기장을 추가하기 위해 시트 탭에서 **[속지]** 시트를 Ctrl을 누른 채 오른쪽으로 드래그하여 시트를 복사한 후 시트 이름을 더블클릭하여 **8월 18일**을 입력해요.

02 **[8월 18일]** 시트를 선택하여 **[B2]** 셀에 **2021-08-18**을 입력해요.

💡 날짜 서식을 적용하려면 '2021-08-18'과 같은 날짜 형식으로 입력해야 셀 서식이 적용됩니다.

03 날짜 서식을 변경하기 위해 **[B2]** 셀을 선택한 후 Ctrl+1을 눌러 [셀 서식] 대화 상자의 **[표시 형식] 탭-[날짜]-[*2012년 3월 14일 수요일]**을 선택하고 [확인]을 클릭해요.

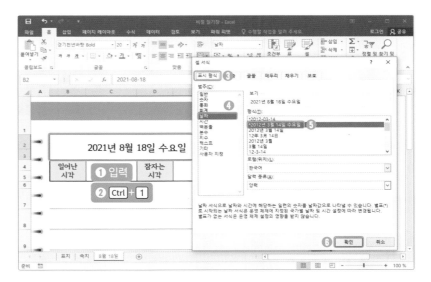

04 **[C4]** 셀과 **[E4]** 셀에 각각 **7:30, 22:30**을 입력해요.

💡 시간 서식을 적용하려면 '7:30'과 같은 시간 형식으로 입력해야 셀 서식이 적용됩니다.

05 Ctrl을 이용하여 두 셀을 선택한 후 Ctrl+1을 눌러 [셀 서식] 대화상자의 **[표시 형식] 탭-[시간]-[오후 1시 30분]**을 선택하고 [확인]을 클릭해요.

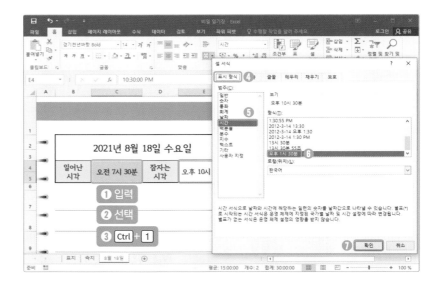

01 **날씨 아이콘**과 **이모티콘**을 Ctrl 을 누른 채 드래그하여 복사해요.

💡 '이모티콘(emoticon)'은 '감정'을 뜻하는 'emotion'과 '기호'를 뜻하는 'icon'이 합쳐진 말로, 자신의 감정이나 기분을 나타내기 위해 사용하는 기호입니다.

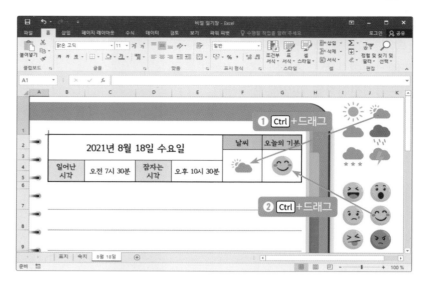

02 **[B7]** 셀을 클릭하여 일기 내용을 적어 보세요.

💡 그림에 있는 내용을 입력해도 되고, 여러분의 일기 내용을 생각나는 대로 입력해도 됩니다.

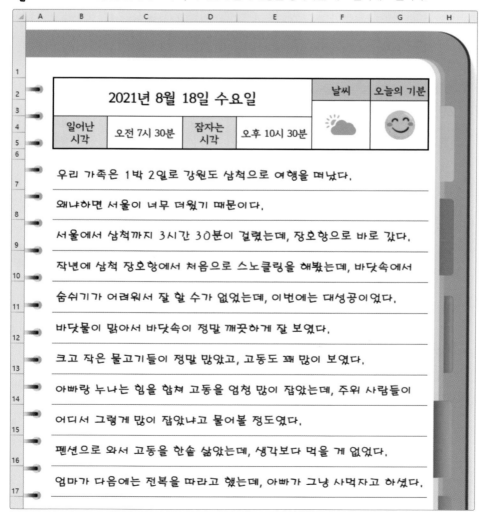

01 시트의 내용을 변경하지 못하도록 하기 위해 시트 탭에서 [8월 18일] 시트를 마우스 오른쪽 버튼으로 클릭하여 [시트 보호]를 클릭해요.

02 [시트 보호] 대화상자에서 '시트 보호 해제 암호'에 0070을 입력하고 [확인]을 클릭한 후에 [암호 확인] 대화상자에서 한 번 더 0070을 입력한 다음 [확인]을 클릭해요.

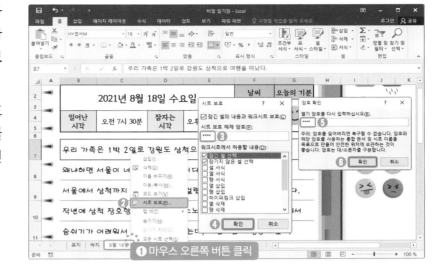

03 시트의 내용을 변경하려고 하면 다음과 같이 안내창이 나타나요.

04 시트 보호를 해제하려면 [8월 18일] 시트에서 마우스 오른쪽 버튼을 클릭하여 [시트 보호 해제]를 클릭하여 폴더를 지정한 후 암호를 입력해야 변경할 수 있어요.

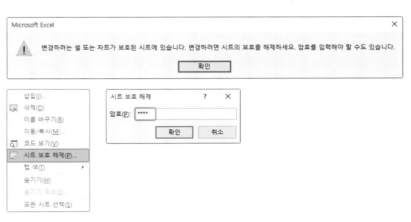

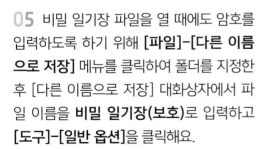

05 비밀 일기장 파일을 열 때에도 암호를 입력하도록 하기 위해 [파일]-[다른 이름으로 저장] 메뉴를 클릭하여 폴더를 지정한 후 [다른 이름으로 저장] 대화상자에서 파일 이름을 비밀 일기장(보호)로 입력하고 [도구]-[일반 옵션]을 클릭해요.

06 [일반 옵션] 대화상자에서 '열기 암호'에 0070을 입력하고 [확인]을 클릭한 후에 [암호 확인] 대화상자에서 한 번 더 0070을 입력한 다음 [확인]을 클릭해요. [다른 이름으로 저장] 대화 상자에서 [저장]을 클릭해요.

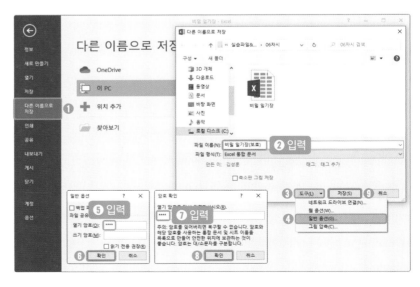

07 [파일]-[닫기] 메뉴를 클릭하고 [파일]-[열기] 메뉴를 클릭하여 암호가 설정된 파일을 열어 보세요.

1 — '하루메모지.xlsx' 파일을 실행하여 내용을 입력하고 작성 조건에 따라 문서를 완성해 보세요.

• 실습파일 : 하루메모지.xlsx, 이미지 파일(메모1~메모4) • 완성파일 : 하루메모지(완성).xlsx

작성 조건

날짜	• [A3] 셀 : 글꼴 색(빨강) • [B3:C3] 영역 : [홈] 탭-[맞춤] 그룹-[병합하고 가운데 맞춤] 후 '=TODAY()' 입력
선	• [A4:C9] 영역을 선택한 후 [홈] 탭-[글꼴] 그룹-[테두리]-[다른 테두리] 클릭 • 선 스타일 : 가는 실선 • 선 색 : 파랑 • 테두리 : 위쪽, 가운데, 아래쪽
메모지 복사	• [A3:C9] 영역 복사 • [F3:H9], [A12:C18], [F12:H18] 영역에 붙여넣기
그림 삽입	• [삽입] 탭-[일러스트레이션] 그룹-[그림]을 클릭하여 '메모1'~'메모4' 삽입
눈금선 숨기기	• [보기] 탭-[표시] 그룹-[눈금선] 체크 해제

💡 • TODAY() 함수는 현재 날짜를 자동으로 입력해주는 함수입니다.
　• 메모를 작성하기 위해 파일을 열면 그날의 날짜가 자동으로 입력됩니다.

07 반 고흐 명화로 퍼즐 만들기

지현이는 미술 시간에 반 고흐와 그의 작품에 대해 배웠어요. 그림이 정말 마음에 들어서 반 고흐의 그림으로 퍼즐 게임을 만들고 싶었어요. 배경을 그림으로 채운 후 그림을 캡처하고 캡처된 부분은 흰색으로 채워 재미있는 퍼즐을 만들어 볼까요?

학습목표
» 배경을 그림으로 채울 수 있습니다.
» 캡처 및 스케치 앱으로 퍼즐 조각을 만들 수 있습니다.
» 퍼즐 조각이 빠진 부분을 표현할 수 있습니다.

· **실습파일** : 침실(반 고흐).jpg　　· **완성파일** : 퍼즐 게임(침실).xlsx, 침실1~침실6.png

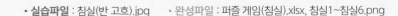

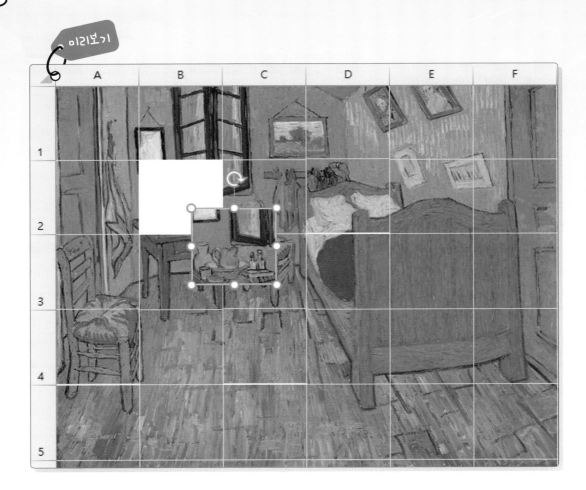

➔ **배경을 그림으로 채우기** : [페이지 레이아웃] 탭-[페이지 설정] 그룹-[배경]
➔ **행 높이 및 열 너비 변경하기** : [홈] 탭-[셀] 그룹-[서식]-[행 높이]/[열 너비]
➔ **캡처 및 스케치 앱 사용하기** : [시작(⊞)]-[캡처 및 스케치]

1 배경을 그림으로 채우기

01 엑셀 2016 프로그램을 실행한 후 **[새 통합 문서]**를 클릭하여 **빈 통합 문서**를 만들어요.

02 **[페이지 레이아웃] 탭-[페이지 설정] 그룹-[배경]**을 클릭하고 **[그림 삽입]** 창에서 **[파일에서]-[찾아보기]**를 클릭한 후 **[시트 배경]** 대화상자에서 **[07차시]** 폴더의 **'침실(반 고흐).jpg'**를 선택한 다음 **[삽입]**을 클릭해요.

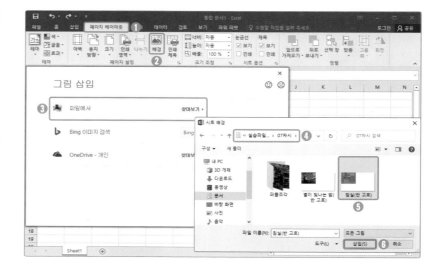

03 **Ctrl**+**A**를 눌러 모든 셀을 선택한 후 **[홈] 탭-[셀] 그룹-[서식]-[행 높이]**를 클릭하여 **[행 높이]** 대화상자에서 **65**를 입력하고 **[확인]**을 클릭해요.

04 같은 방법으로 **[열 너비]**를 **11**로 설정해요.

🔔 시트 왼쪽 위의 [모두 선택(◢)] 버튼을 클릭해도 모든 셀을 선택할 수 있습니다.

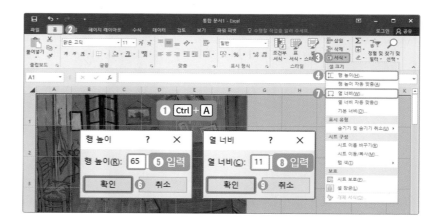

 ## 2 캡처 및 스케치 앱으로 퍼즐 조각 만들기

01 **[시작(⊞)]-[🔲 캡처 및 스케치]**을 클릭하여 **[캡처 및 스케치]** 앱을 실행시킨 후 **[새 캡처]**를 클릭해요.

🔔 키보드의 윈도우 로고 키(⊞)+**Shift**+**S**를 누르면 곧바로 캡처할 수 있습니다.

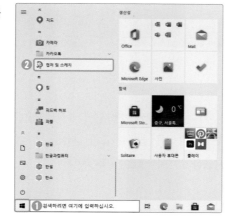

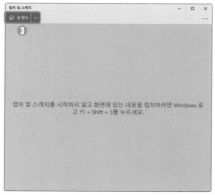

02 모니터 상단의 캡처 도구에서 **[사각형 (🔲)]**을 클릭하여 마우스 포인터가 십자 모양으로 바뀌면 **[B2]** 셀을 드래그하여 캡처해요.

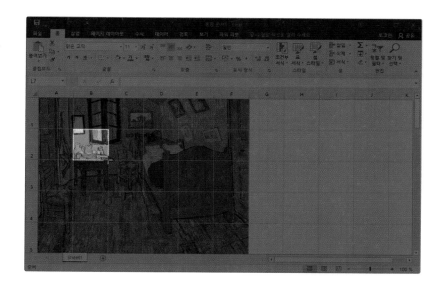

03 캡처가 완료되면 Ctrl+S를 눌러 [다른 이름으로 저장] 대화상자에서 **[07차시]-[퍼즐조각]** 폴더에 파일 이름을 **침실1**로 입력한 후 [저장]을 클릭해요.

04 퍼즐 조각이 빠진 부분을 만들기 위해 **[B2]** 셀을 선택하고 **[홈] 탭-[글꼴] 그룹-[채우기 색]-[흰색, 배경 1]**을 클릭해요.

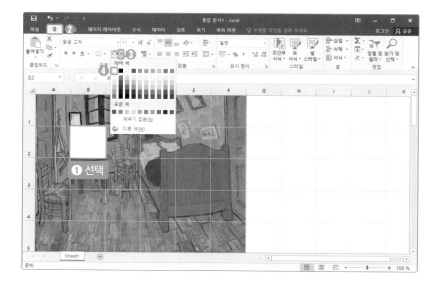

05 같은 방법으로 [D2], [F2], [A4], [C4], [E4] 셀의 이미지를 캡처하여 각각 '**침실2**'~'**침실6**'으로 저장한 후 셀을 [**흰색, 배경 1**] 색으로 채워요.

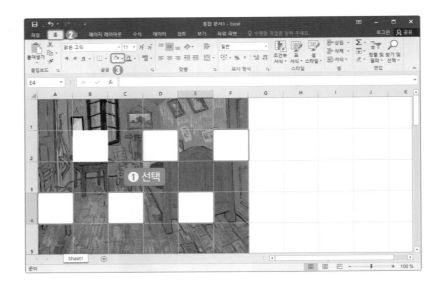

06 캡처한 퍼즐 조각들을 배치하기 위해 [**삽입**] 탭-[**일러스트레이션**] 그룹-[**그림**]을 클릭하여 [**07차시**]-[**퍼즐조각**] 폴더의 '**침실1**'~'**침실6**'을 모두 삽입한 후 다음과 같이 오른쪽에 배치해요.

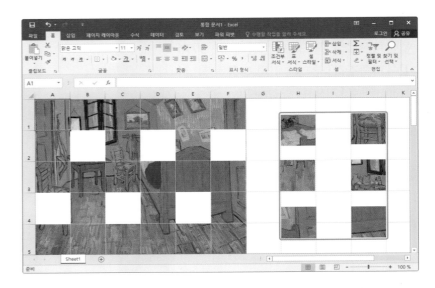

07 퍼즐 조각을 드래그하여 퍼즐 맞추기 게임을 즐겨 보세요.

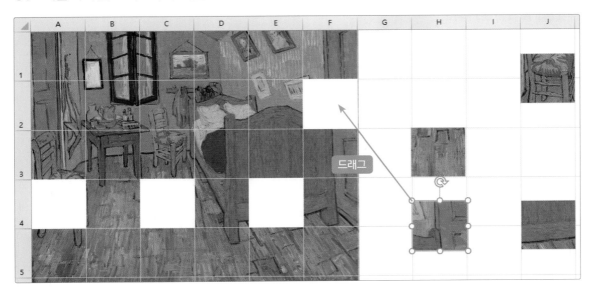

💡 퍼즐 조각을 이동할 때 Alt 를 누른 채 드래그하면 눈금선에 자석처럼 붙습니다.

혼자서 뚝딱뚝딱

1 새 통합 문서에서 작성 조건에 따라 문서를 완성해 보세요.

· **실습파일** : 이미지 파일(별이 빛나는 밤(반 고흐))　· **완성파일** : 퍼즐 게임(별이 빛나는 밤).xlsx, 별밤1~9.png

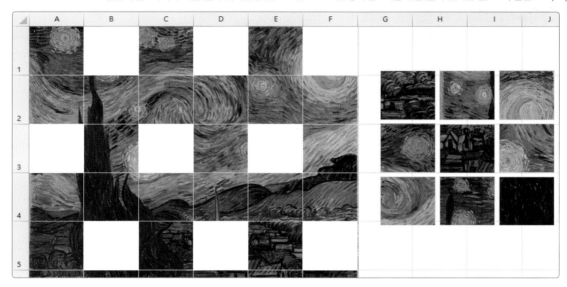

🧭 작성 조건

배경	· [페이지 레이아웃] 탭-[페이지 설정] 그룹-[배경]-[07차시]-[별이 빛나는 밤(반 고흐)]
셀 크기	· 행 높이 : 65 · 열 너비 : 11
캡처	· [B1], [D1], [F1], [A3], [C3], [E3], [B5], [D5], [F5] 셀 · '별밤1'~'별밤9'로 저장
퍼즐 조각	· [삽입] 탭-[일러스트레이션] 그룹-[그림]을 클릭 · 오른쪽 빈 공간에 퍼즐 조각 삽입 후 퍼즐 맞추기 진행

◆ 작품설명

· 「별이 빛나는 밤」은 네덜란드의 화가 빈센트 반 고흐(Vincent van Gogh)의 대표작 중 하나예요.
· 1889년 정신 질환을 앓고 있던 고흐는 병실 밖으로 내다보이는 밤 풍경에 자신이 겪는 정신적인 고통을 결합시켜 그렸어요.
· 달과 별이 있는 밤하늘이 소용돌이치고 있고 위로 길게 뻗은 나무도 동적으로 표현되어 있지만, 이와는 반대로 아래의 마을은 평온하고 고요한 상태를 보여 줘요.
· 현재 이 작품은 미국 뉴욕 현대미술관에서 전시되고 있어요.

08 개굴개굴 개구리의 한살이

하윤이는 과학 시간에 개구리의 한살이를 주제로 발표하려고 해요. 알, 올챙이, 뒷다리, 앞다리, 어른 개구리 단계를 반복하는 것이 개구리의 한살이에요. 개구리의 한살이를 한눈에 쏙~ 들어오게 표현하려면 어떻게 하면 될까요?

학습목표
» WordArt에 네온 효과와 변환 효과를 적용하여 멋지게 만들 수 있습니다.
» 셀을 병합하고 다양한 테두리를 적용할 수 있습니다.
» SmartArt를 삽입하고 도형을 그림으로 채울 수 있습니다.

• 실습파일 : 개구리 한살이.xlsx, 개구리1~5.png, 연못.jpg   • 완성파일 : 개구리 한살이(완성).xlsx

미리보기

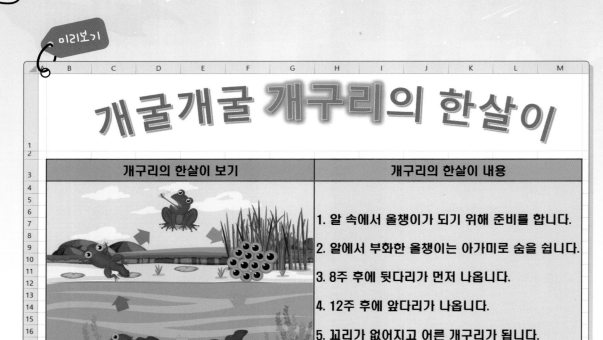

오늘 배울 기능

➤ **WordArt 삽입하기** : [삽입] 탭-[텍스트] 그룹-[WordArt]

➤ **WordArt에 효과 적용하기** : [그리기 도구-서식] 탭-[WordArt 스타일] 그룹-[텍스트 효과]

➤ **SmartArt 삽입하기** : [삽입] 탭-[일러스트레이션] 그룹-[SmartArt]

┃ WordArt로 멋진 제목 만들기

01 엑셀 2016 프로그램을 실행하여 [08 차시] 폴더의 **'개구리 한살이.xlsx'** 파일을 열어요.

02 WordArt를 삽입하기 위해 **[삽입] 탭-[텍스트] 그룹-[WordArt]-[A]**를 클릭한 후 텍스트를 입력해요.

- **④** WordArt 스타일(채우기 – 파랑, 강조 1, 윤곽선 – 배경 1, 진한 그림자 – 강조 1)

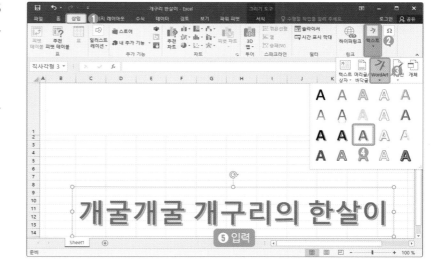

03 텍스트의 일부를 변경하기 위해 **개구리** 텍스트를 드래그하여 블록 지정한 후 **[그리기 도구-서식]** 탭-**[WordArt 스타일]** 그룹에서 **[텍스트 채우기]**와 **[텍스트 효과]**를 설정해요.

- **③** 텍스트 채우기(녹색, 강조 6) **⑥** 네온(파랑, 11 pt 네온, 강조색 5)

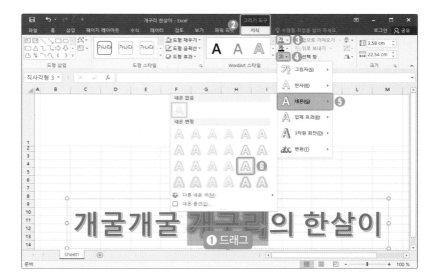

04 이어서 **[그리기 도구-서식]** 탭-**[텍스트 효과]-[변환]-[위쪽 원호]** 효과를 지정한 후 위쪽으로 드래그하여 위치를 이동시켜요.

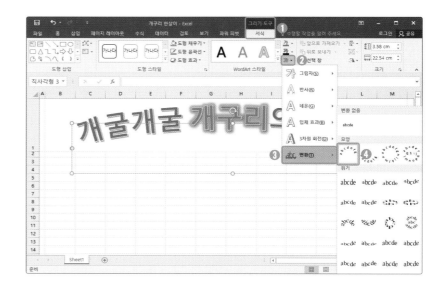

01 제목이 입력될 **3행**의 행 머리글에서 마우스 오른쪽 버튼을 클릭하여 **[행 높이]**를 클릭하고 [행 높이] 대화상자에서 **30**을 입력한 후 [확인]을 클릭해요.

💡 3행의 아무 셀을 선택하고 [홈] 탭-[셀] 그룹-[서식]-[행 높이]를 지정해도 됩니다.

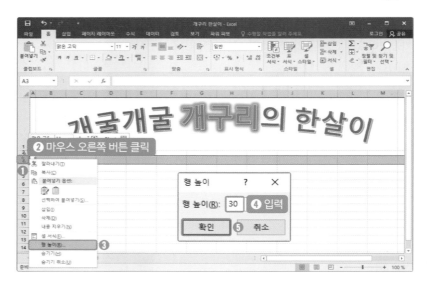

02 제목과 내용이 입력될 **[B3:G3]**, **[H3:M3]**, **[B4:G19]**, **[H4:M19]** 영역을 Ctrl을 이용하여 선택한 후 **[홈] 탭-[맞춤] 그룹-[병합하고 가운데 맞춤]**을 클릭해요.

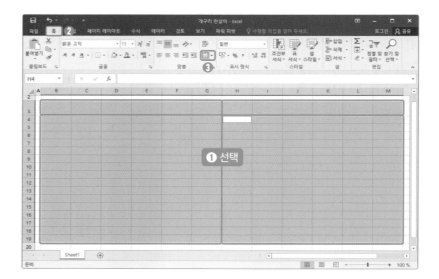

03 표 테두리를 지정하기 위해 **[B3:M19]** 영역이 선택된 상태에서 **[홈] 탭-[글꼴] 그룹-[테두리]**에서 **[모든 테두리]**와 **[굵은 바깥쪽 테두리]**를 설정해요.

04 이어서 **[B3:M3]** 영역을 선택하고 **[테두리]-[아래쪽 이중 테두리]**를 설정해요.

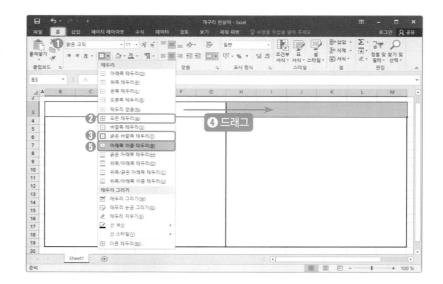

05 [B3:M19] 영역을 선택하고 [홈] 탭-[글꼴] 그룹에서 글꼴과 글꼴 크기를 지정한 후 다음과 같이 각 영역에 채우기 색을 지정하고 제목을 입력해요.

· ③ 글꼴(HY헤드라인M) ④ 글꼴 크기(16pt)

영역	채우기 색
[B3:G3]	파랑, 강조 5, 40% 더 밝게
[H3:M3]	녹색, 강조 6, 40% 더 밝게
[B4:G19]	파랑, 강조 5, 80% 더 밝게
[H4:M19]	녹색, 강조 6, 80% 더 밝게

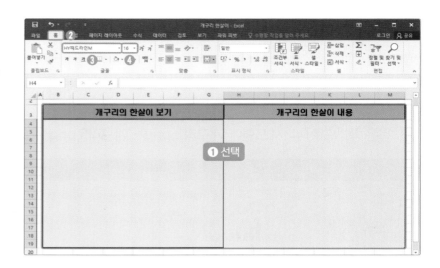

③ SmartArt로 개구리의 한살이 만들기

01 개구리의 한살이를 그래픽으로 멋지게 표현하기 위해 [삽입] 탭-[일러스트레이션] 그룹-[SmartArt]를 클릭하여 [SmartArt 그래픽 선택] 대화상자에서 [주기형]-[기본 주기형]을 선택한 후 [확인]을 클릭해요.

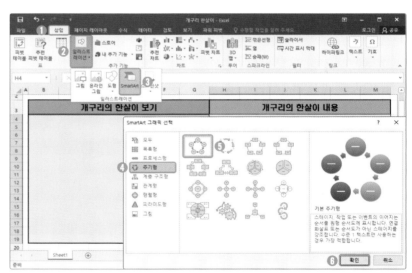

02 SmartArt 그래픽 왼쪽의 **텍스트 창**(<) 버튼을 클릭하여 텍스트 창을 열어요.

03 텍스트 창의 맨 위 [텍스트]를 클릭하여 Space Bar 를 눌러 [텍스트] 표시를 없애고 키보드의 ↓를 눌러 아래로 이동하여 모든 [텍스트] 표시를 없애요.

04 색상을 변경하기 위해 [SmartArt 도구-디자인] 탭-[SmartArt 스타일] 그룹-[색 변경]-[색상형-강조색]을 클릭해요.

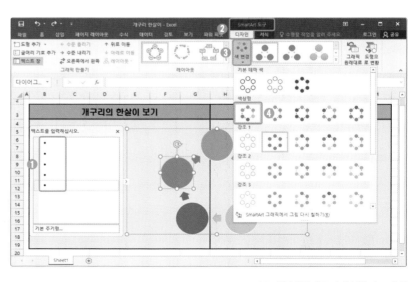

05 텍스트 창(>) 버튼을 클릭하여 텍스트 창을 닫은 후 회색 원 도형을 선택하고 **[SmartArt 도구-서식] 탭-[도형 스타일] 그룹-[도형 채우기]-[그림]**을 클릭해요.

06 [그림 삽입] 창에서 **[파일에서]-[찾아보기]**를 클릭한 후 [그림 삽입] 대화상자에서 [08차시] 폴더의 '**개구리 1.png'**를 선택하고 [삽입]을 클릭해요.

07 같은 방법으로 나머지 도형에 '**개구리2.png'~'개구리5.png'** 그림을 삽입해요.

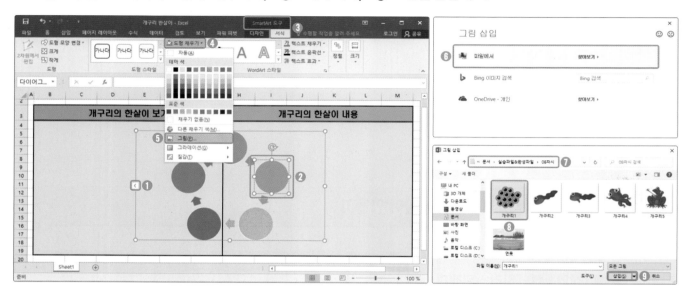

08 [Ctrl]을 이용하여 모든 원 도형을 선택하고 **[SmartArt 도구-서식] 탭-[도형 스타일] 그룹-[도형 윤곽선]-[윤곽선 없음]**을 클릭해요.

09 SmartArt 그래픽 테두리를 선택하고 **[SmartArt 도구-서식] 탭-[도형 스타일] 그룹-[도형 채우기]-[그림]**을 클릭하여 '**연못.jpg'**를 배경 그림으로 채워요.

10 SmartArt 그래픽 테두리를 드래그하여 위치를 이동하고 크기 조정 핸들로 크기를 조정하여 **[B4:G19]** 영역에 배치시켜요.

11 **[H4]** 셀에 다음과 같이 내용을 입력한 후에 **[홈] 탭-[맞춤] 그룹-[왼쪽 맞춤]**을 클릭하면 완성돼요.

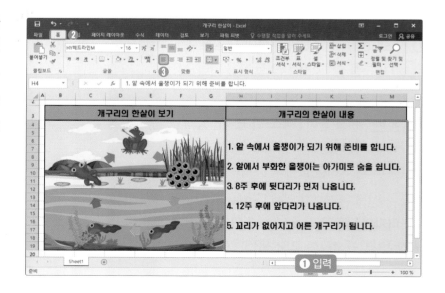

1 '나무이야기.xlsx' 파일을 실행하여 작성 조건에 따라 문서를 완성해 보세요.

• **실습파일** : 나무이야기.xlsx, 이미지 파일(봄, 여름, 가을, 겨울)   • **완성파일** : 나무이야기(완성).xlsx

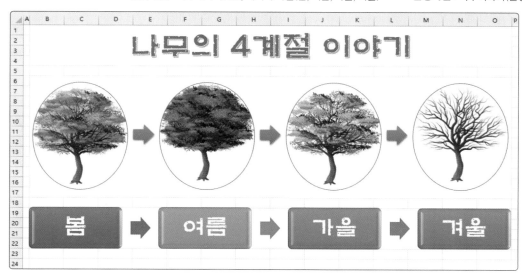

작성 조건

WordArt		• [삽입] 탭-[텍스트] 그룹-[WordArt]-[채우기 – 파랑, 강조 1, 윤곽선 – 배경 1, 진한 그림자 – 강조 1] • 글꼴 : HY목각파임B • 글꼴 크기 : 48pt
그림 삽입		• [그리기 도구-서식] 탭-[도형 스타일] 그룹-[도형 채우기]-[그림]-[파일에서] • '봄', '여름', '가을', '겨울' 삽입
화살표		• [그리기 도구-서식] 탭-[도형 스타일] 그룹-[강한 효과 – 녹색, 강조 6]
SmartArt	SmartArt 그래픽 종류	• [프로세스형]-[기본 프로세스형]
	SmartArt 스타일	• [SmartArt 도구-디자인] 탭-[SmartArt 스타일] 그룹- [색 변경]-[색상형 범위 – 강조색 5 또는 6] • [SmartArt 도구-디자인] 탭-[SmartArt 스타일] 그룹- [3차원]-[경사]
	글꼴	• 글꼴 : HY목각파임B • 글꼴 크기 : 36pt
	위치	• [B19:O22] 영역

💡 2개 이상의 개체를 동시에 선택할 때는 Ctrl 또는 Shift 를 누른 채 클릭하면 됩니다.

09 마인드맵으로 내 소개하기

국어 시간에 자기 소개를 해야 하는 하윤이는 소주제를 만들고 소주제별 내용을 추가하여 마인드 맵으로 발표하려고 해요. 단순하게 도형만 연결하는 것보다는 도형을 예쁘게 색칠하고 도형에 그림도 채워서 만들 생각이에요. 엑셀로 마인드맵을 멋지게 만들어 볼까요?

학습목표
» SmartArt로 마인드맵을 만들 수 있습니다.
» SmartArt의 도형 채우기 색과 도형 윤곽선 색을 지정할 수 있습니다.
» SmartArt의 도형을 그림으로 채울 수 있습니다.

• 실습파일 : 소녀.jpg, 소년.jpg, 배경1.jpg, 취미1~3.jpg, 희망직업1~3.jpg　　• 완성파일 : 내 소개.xlsx

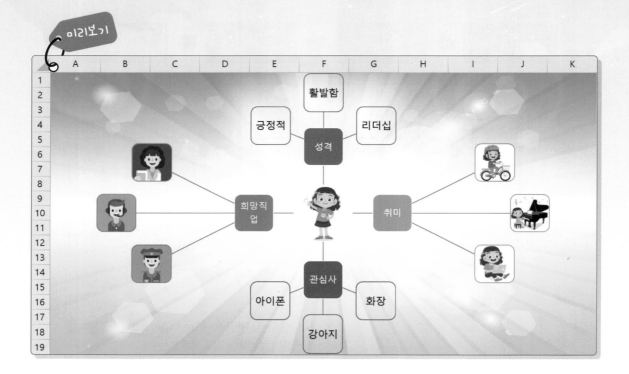

➤ **마인드맵 그래픽 삽입하기** : [삽입] 탭-[일러스트레이션] 그룹-[SmartArt]-[주기형]-[방사형 클러스터형]
➤ **SmartArt 도형 추가하기** : [SmartArt 도구-디자인] 탭-[그래픽 만들기] 그룹-[도형 추가]
➤ **SmartArt 도형을 그림으로 채우기** : [SmartArt 도구-서식] 탭-[도형 스타일] 그룹-[도형 채우기]-[그림]

] SmartArt 그래픽으로 마인드맵 만들기

01 엑셀 2016 프로그램을 실행한 후 **[새 통합 문서]**를 클릭하여 **빈 통합 문서**를 만들어요.

02 마인드맵 형태의 그래픽을 삽입하기 위해 **[삽입] 탭-[일러스트레이션] 그룹-[SmartArt]**를 클릭하여 [SmartArt 그래픽 선택] 대화상자에서 **[주기형]-[방사형 클러스터형]**을 선택한 후 [확인]을 클릭해요.

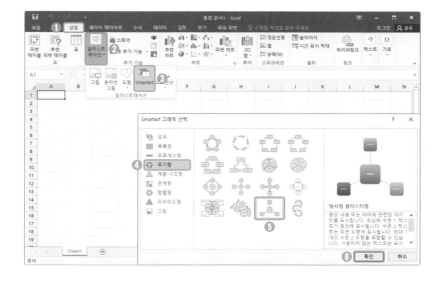

03 왼쪽 위 크기 조정 핸들을 **[A1]** 셀까지 드래그하고 오른쪽 아래 크기 조정 핸들을 **[K19]** 셀까지 드래그하여 SmartArt 그래픽을 **[A1:K19]** 영역에 배치시켜요.

🕯️ 개체의 조정할 때 Alt 를 누른 채 드래그하면 눈금선에 자석처럼 붙어서 쉽게 조정 수 있습니다.

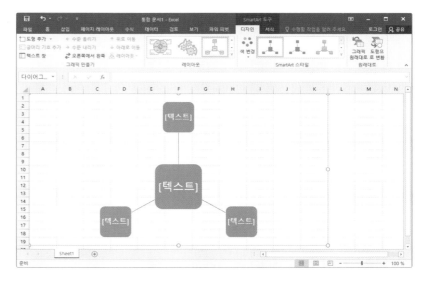

04 나를 소개하는 소주제를 추가하기 위해 **[SmartArt 도구-디자인] 탭-[그래픽 만들기] 그룹-[도형 추가]**를 클릭하여 **수준 2 도형**을 추가해요.

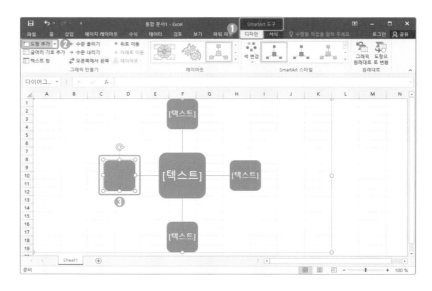

05 소주제별 내용이 입력될 **수준 3 도형**을 추가하기 위해 [SmartArt 도구-디자인] 탭-[그래픽 만들기] 그룹-[도형 추가]를 클릭한 후 [수준 내리기]를 클릭해요.

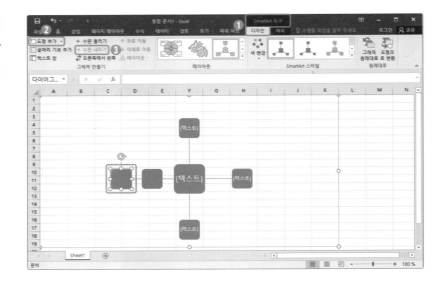

06 같은 수준의 도형을 2개 더 추가하기 위해 [도형 추가]를 두 번 클릭해요.

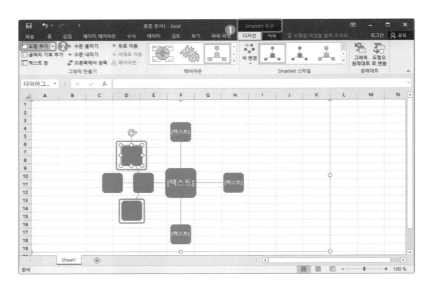

07 다른 소주제 도형을 선택하고 [도형 추가]-[아래에 도형 추가]를 클릭한 후 [도형 추가]를 두 번 클릭하여 **수준 3 도형**을 3개 만들어요.

08 같은 방법으로 나머지 소주제들도 **수준 3 도형**을 3개씩 추가하여 다음과 같이 만들어요.

💡 소주제 도형을 선택한 상태에서 [도형 추가]-[아래에 도형 추가]를 클릭해야 됩니다.

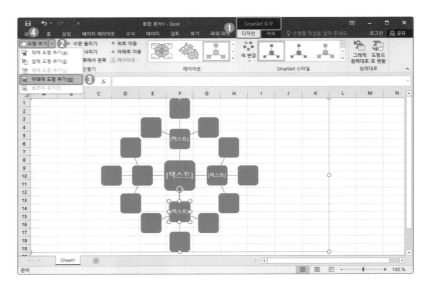

② 내용 입력하고 도형 스타일 지정하기

01 다음과 같이 소주제와 소주제별 내용을 입력해요.

- [성격] : 긍정적, 활발함, 리더십
- [취미] : 자전거, 피아노, 게임
- [관심사] : 아이폰, 강아지, 화장
- [희망직업] : 선생님, 유튜버, 경찰관

💡 소주제별 내용은 여러분을 소개하는 내용으로 입력해도 됩니다.

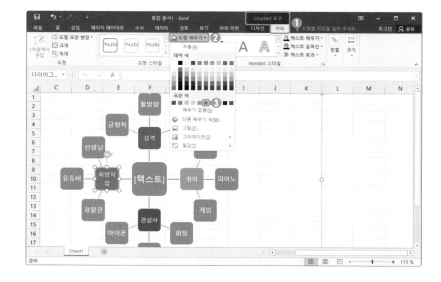

02 소주제가 입력된 **수준 2 도형**을 선택한 후 [SmartArt 도구-서식] 탭-[도형 스타일] 그룹-[도형 채우기]를 클릭하여 다음과 같이 채우기 색을 지정해요.

- [성격] : 파랑
- [취미] : 주황, 강조 2
- [관심사] : 진한 빨강
- [희망직업] : 녹색

03 Shift를 누른 채 **수준 3 도형**을 모두 클릭하여 선택한 후 [SmartArt 도구-서식] 탭-[도형 윤곽선]을 클릭하여 다음과 같이 윤곽선 색을 지정하고 [홈] 탭-[글꼴] 그룹-[글꼴 색]-[검정, 텍스트 1]을 클릭해요.

- [성격] : 파랑
- [취미] : 주황, 강조 2
- [관심사] : 진한 빨강
- [희망직업] : 녹색

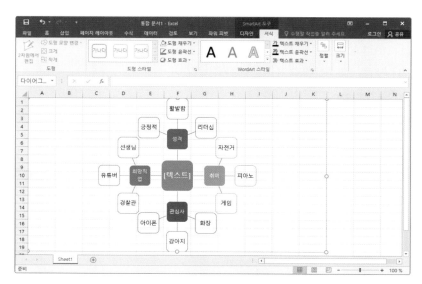

04 [SmartArt 도구-서식] 탭-[도형 채우기]-[채우기 없음]을 클릭해요.

01 한가운데의 **수준 1 도형**을 선택하고 [SmartArt 도구–서식] 탭–[도형 스타일] 그룹–[도형 채우기]–[그림]을 클릭해요.

02 [그림 삽입] 창에서 [파일에서]–[찾아보기]를 클릭한 후 [그림 삽입] 대화상자에서 [09차시] 폴더의 '**소녀.jpg**' 또는 '**소년.jpg**'를 선택하고 [삽입]을 클릭해요.

03 한가운데의 **수준 1 도형** 안쪽을 클릭하고 Space Bar 를 눌러 [**텍스트**] 표시를 없애요.

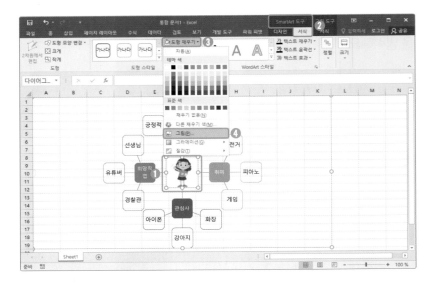

04 같은 방법으로 **취미**의 **수준 3 도형**을 '**취미1.jpg**'~'**취미3.jpg**' 그림으로 채우고, **희망직업**의 **수준 3 도형**을 '**희망직업1.jpg**'~'**희망직업3.jpg**' 그림으로 채운 후 도형 안의 텍스트는 Space Bar 로 삭제해요.

05 Shift 를 누른 채 **취미**의 **수준 3 도형**들을 선택하고 오른쪽으로 드래그하여 위치를 이동시킨 후 같은 방법으로 **희망직업**의 **수준 3 도형**들도 왼쪽으로 이동시켜요.

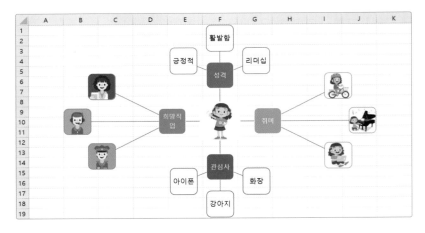

06 SmartArt 그래픽 테두리를 클릭하고 [SmartArt 도구–서식] 탭–[도형 스타일] 그룹–[도형 채우기]–[그림]을 클릭한 후 '**배경1.jpg**'를 삽입해요.

07 [파일]–[다른 이름으로 저장] 메뉴를 클릭하여 '**내 소개.xlsx**'로 저장해요.

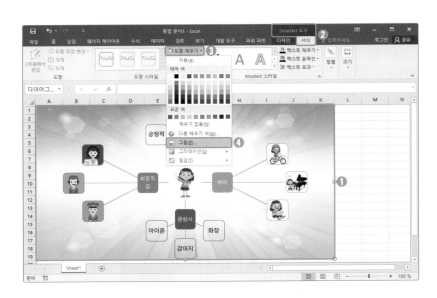

혼자서 뚝딱뚝딱

1 새 통합 문서에서 작성 조건에 따라 문서를 완성하고 저장해 보세요.

· **실습파일** : 이미지 파일(배경2)   · **완성파일** : 학교 조직도.xlsx

🧭 작성 조건

SmartArt	SmartArt 그래픽 종류	· [계층 구조형]-[조직도형]
	SmartArt 스타일	· [SmartArt 도구-디자인] 탭-[SmartArt 스타일] 그룹-[색 변경]-[색상형 범위 – 강조색 4 또는 5]
	글꼴	· 휴먼모음T
	레이아웃	· '교감' 도형과 '행정실장' 도형을 각각 선택하여 [SmartArt 도구-디자인] 탭-[그래픽 만들기] 그룹-[레이아웃]-[표준] 클릭
	보조자 도형 ("학교운영위원회")	· [SmartArt 도구-서식] 탭-[도형] 그룹-[크게] 6번 클릭
	위치	· [D5:L18] 영역
WordArt	· [삽입] 탭-[텍스트] 그룹-[WordArt]-[채우기 – 흰색, 윤곽선 – 강조 1, 그림자]	
	· 글꼴 : 휴먼모음T	
	· 글꼴 크기 : 32pt	
그림	· [삽입] 탭-[일러스트레이션] 그룹-[그림]을 클릭하여 '배경2' 삽입	
	· [맨 뒤로 보내기]	
	· 위치 : [A1:O36] 영역	

10 코딩 동아리 출석부 만들기

민준이는 지난 일주일 동안의 컴퓨터 코딩 동아리 친구들의 출결 사항을 체크하고 있어요. 그 동안은 종이에 표를 그려서 체크했었는데, 좀 더 편한 방법이 없을까 궁금했어요. 엑셀로 출석이 자동으로 체크되는 출석부를 만들어 볼까요?

학습목표
» 현재 날짜의 '월'을 자동으로 입력할 수 있습니다.
» 함수를 이용하여 출석일수와 결석일수를 구할 수 있습니다.
» 표 서식으로 출석부 양식을 표로 빠르게 변환할 수 있습니다.

· 실습파일 : 동아리 출석부.xlsx   · 완성파일 : 동아리 출석부(완성).xlsx

미리보기

성명 \ 요일	월요일	화요일	수요일	목요일	금요일	출석일수	결석일수
강하은	0	0	0			3일	2일
김민준	0		0			2일	3일
민수아	0	0	0	0		4일	1일
박서진	0			0		2일	3일
이소율	0	0	0	0		4일	1일
최건우	0	0		0		3일	2일

제목: 코딩 동아리 9월 출석부

오늘 배울 기능
➡ **금요일 이후에 결석일수 표시하기** : [수식] 탭-[함수 라이브러리] 그룹-[논리]-[IF]
➡ **출석일수와 결석일수 구하기** : COUNT, IF, WEEKDAY, TODAY 함수 이용
➡ **표 서식 적용하기** : [홈] 탭-[스타일] 그룹-[표 서식]

1 출석부 제목 만들기

01 엑셀 2016 프로그램을 실행하여 [10차시] 폴더의 **'동아리 출석부.xlsx'** 파일을 열어요.

02 현재 날짜의 **'월'**이 자동으로 입력되도록 하기 위해 **[B1]** 셀을 선택하고 **[수식]** 탭-[함수 라이브러리] 그룹-[날짜 및 시간]-[MONTH]를 클릭한 후 [함수 인수] 대화상자에 다음과 같이 입력한 다음 [확인]을 클릭해요.

· Serial_number : TODAY()　　현재 날짜에서 '월'을 추출함

☀️ TODAY 함수는 컴퓨터의 현재 날짜를 추출하는 함수입니다.

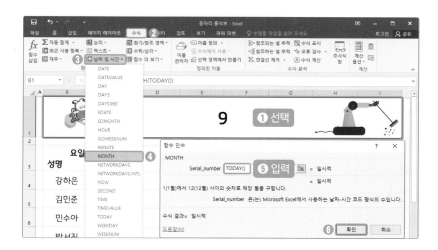

03 추출된 **'월'**의 앞뒤에 글자가 자동으로 표시되도록 **[B1]** 셀을 선택하고 Ctrl+1을 눌러 [셀 서식] 대화상자의 **[표시 형식]** 탭-[사용자 지정]의 형식에 **"코딩 동아리 "0"월 출석부"**를 입력한 후 [확인]을 클릭해요.

☀️ 반복 문자가 한글인 경우에는 앞뒤에 큰따옴표 ("")를 넣지 않아도 됩니다.

 2 출석일수와 결석일수 구하기

01 [C3] 셀에 **월요일**을 입력하고 채우기 핸들을 [G3] 셀까지 드래그한 후 [H3]과 [I3] 셀에 각각 **출석일수**와 **결석일수**를 입력해요.

☀️ 셀 내에서 줄을 바꾸려면 Alt+Enter를 누르면 됩니다.

02 출석일수를 구하기 위해 **[H4]** 셀을 선택하고 **[홈]** 탭-**[편집]** 그룹-**[자동 합계]**-**[숫자 개수]**를 클릭한 후 **[C4:G4]** 영역을 선택한 다음 Enter 를 눌러요.

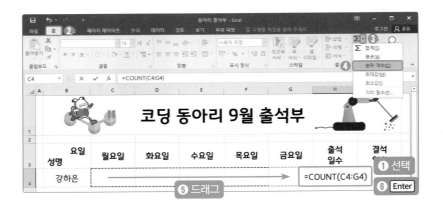

03 매주 금요일 이후에 결석일수를 파악하기 위해 **[I4]** 셀을 선택하고 **[수식]** 탭-**[함수 라이브러리]** 그룹-**[논리]**-**[IF]**를 클릭한 후 왼쪽 위 이름 상자의 화살표를 클릭하여 **WEEKDAY**를 클릭해요.

💡 만약 WEEKDAY 함수가 보이지 않으면 [함수 추가...]를 클릭하여 [함수 마법사] 대화상자에서 '날짜/시간' 범주의 WEEKDAY 함수를 선택하면 됩니다.

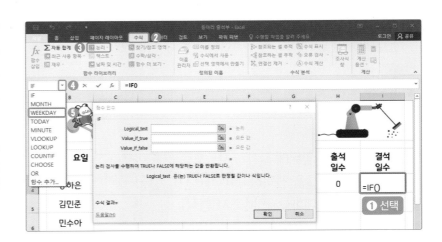

04 **[함수 인수]** 대화상자에 다음과 같이 입력하고 수식 입력줄의 맨 뒤를 클릭(=IF(WEEKDAY(TODAY(),2))하여 다시 IF 함수의 **[함수 인수]** 대화상자가 나타나게 해요.

· Serial_number : TODAY()　　　현재 날짜의 요일을 숫자(1~7)로 구함
· Return_type : 2　　　　　　　　월요일(1)~일요일(7) 유형

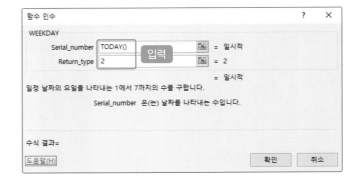

05 금요일 이후 조건을 설정하기 위해 **Logical_test**의 뒤에 **>=5**를 입력하고 나머지 인수들도 다음과 같이 입력한 후 **[확인]**을 클릭해요.

· Logical_test : WEEKDAY(TODAY(),2)>=5　　현재 요일이 금요일 이후인가?

· Value_if_true : 5-H4　　　　　참이면 5에서 출석 일수를 뺀 값 표시

· Value_if_false : ""　　　　　거짓이면 공백 표시

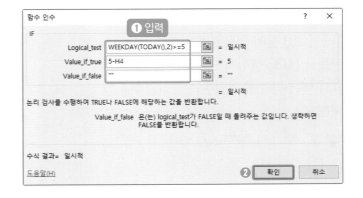

06 '출석일수'와 '결석일수'에 셀 서식을 지정하기 위해 **[H4:I4]** 영역을 선택하고 Ctrl+1을 눌러 [셀 서식] 대화상자의 **[표시 형식] 탭-[사용자 지정]**의 형식에 **0"일"**을 입력한 후 [확인]을 클릭해요.

07 '출석일수'와 '결석일수'의 수식을 복사하기 위해 **[H4:I4]** 영역의 채우기 핸들을 **[I9]** 셀까지 드래그해요.

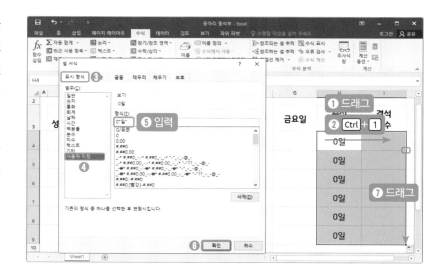

③ 표 서식으로 출석부 완성하기

01 **[B3]** 셀에 대각선을 설정하기 위해 **[B3]** 셀을 선택하고 **[홈] 탭-[글꼴] 그룹-[테두리]-[다른 테두리]**를 클릭한 후 [셀 서식] 대화상자의 **[테두리] 탭**에서 **하향 대각선**을 선택한 다음 [확인]을 클릭해요.

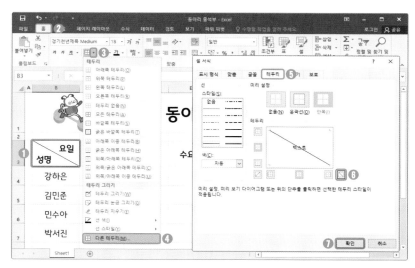

02 출석부를 표로 변환하기 위해 **[B3:I9]** 영역을 선택하고 **[홈] 탭-[스타일] 그룹-[표 서식]-[표 스타일 보통 17]**을 클릭한 후 [표 서식] 대화상자에서 [확인]을 클릭해요.

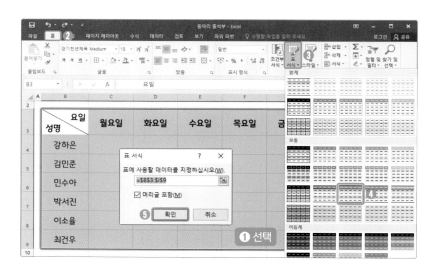

03 제목 행에 표시된 필터 단추(▼)를 없애기 위해 [표 도구-디자인] 탭-[도구] 그룹-[범위로 변환]을 클릭한 후 [예]를 클릭해요.

💡 [표 도구-디자인] 탭-[표 스타일 옵션] 그룹에서 [필터 단추]를 체크 해제해도 필터 단추가 표시되지 않습니다.

04 출석부가 잘 만들어졌는지 확인하기 위해 다음과 같이 셀 안에 숫자 **0**을 입력하면 출석일수가 자동으로 나타나요.

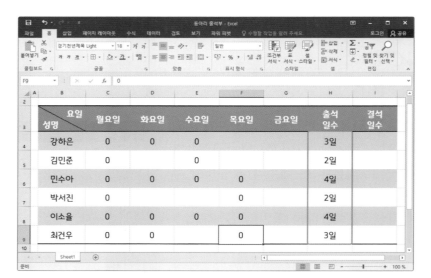

05 컴퓨터의 현재 날짜 기준으로 **금요일**이 되면 자동으로 **결석일수**가 표시돼요.

💡 금요일이 안 되면 확인을 할 수 없으므로, '결석일수' 수식의 'TODAY(),2)>=5'에서 5 대신에 오늘의 요일에 해당하는 요일(월요일:1, 화요일:2, …)로 바꿔서 확인해 봅니다.

혼자서 뚝딱뚝딱

'요일변환기.xlsx' 파일을 실행하여 작성 조건에 따라 문서를 완성해 보세요.

· 실습파일 : 요일변환기.xlsx   · 완성파일 : 요일변환기(완성).xlsx

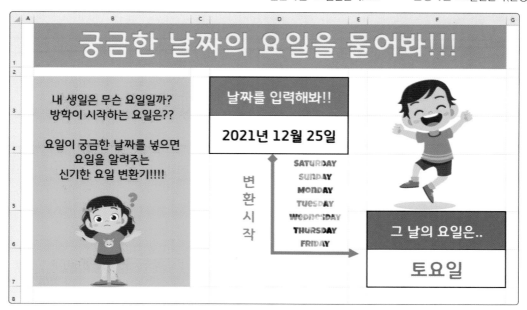

 작성 조건

셀 서식	· [D4] 셀에 원하는 날짜 입력 · [셀 서식]-[표시 형식] 탭-[날짜]-[형식]에 '2012년 3월 14일' 선택

요일 계산	· [F7] 셀
	· WEEKDAY 함수 사용
	  - [수식] 탭-[함수 라이브러리] 그룹-[날짜 및 시간]-[WEEKDAY]
	  - [함수 인수] 대화상자 : Serial_number에는 [D4] 셀 클릭, Return_type에는 옵션 '2' 입력
	  - 수식 입력줄에서 '='를 뺀 함수식을 블록 지정한 후 잘라내기([Ctrl]+[X])
	· CHOOSE 함수 사용
	  - [수식] 탭-[함수 라이브러리] 그룹-[찾기/참조 영역]-[CHOOSE]
	  - [함수 인수] 대화상자 : Index_num에 WEEKDAY 함수 붙여넣기([Ctrl]+[V])
	· 숫자에 따른 요일은 Value1~Value7에 "월요일"~"일요일"까지 순서대로 입력한 후 [확인] 클릭

 · WEEKDAY 함수에서 Return_type의 의미는 다음과 같습니다.
   - 1 : 일요일(1)~토요일(7)
   - 2 : 월요일(1)~일요일(7)
   - 3 : 월요일(0)~일요일(6)
· CHOOSE 함수는 CHOOSE(조건, 첫째 값, 둘째 값, 셋째 값, ...) 형식으로, 조건이 1이면 첫째 값, 2이면 둘째 값, 3이면 셋째 값을 표시합니다.

11 우리 반 타자왕 선발 대회

우리 반 타자왕 선발 대회에 참가한 민우는 일주일 동안 기록된 타자 속도로 평균 속도와 최고 속도를 구하고 1등에서 3등까지 순위도 구하려고 해요. 다양한 함수를 사용하여 우리 반 타자왕이 누구인지 찾아 볼까요?

학습목표
» 자동 채우기와 셀 서식으로 데이터를 완성할 수 있습니다.
» 함수를 이용하여 평균 속도와 최고 속도를 구할 수 있습니다.
» 순위를 구한 후 1등부터 3등까지 순위만 나타낼 수 있습니다.

• 실습파일 : 우리반 타자왕.xlsx   • 완성파일 : 우리반 타자왕(완성).xlsx

미리보기

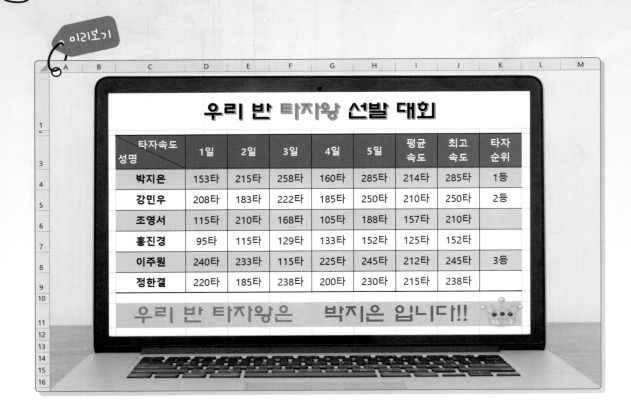

성명	1일	2일	3일	4일	5일	평균 속도	최고 속도	타자 순위
박지은	153타	215타	258타	160타	285타	214타	285타	1등
강민우	208타	183타	222타	185타	250타	210타	250타	2등
조영서	115타	210타	168타	105타	188타	157타	210타	
홍진경	95타	115타	129타	133타	152타	125타	152타	
이주원	240타	233타	115타	225타	245타	212타	245타	3등
정한결	220타	185타	238타	200타	230타	215타	238타	

우리 반 타자왕은   박지은 입니다!!

오늘 배울 기능

➡ **평균 속도 구하기** : [홈] 탭-[편집] 그룹-[자동 합계]-[평균]

➡ **최고 속도 구하기** : [홈] 탭-[편집] 그룹-[자동 합계]-[최대값]

➡ **타자 순위 구하기** : [수식] 탭-[함수 라이브러리] 그룹-[함수 더 보기]-[통계]-[RANK.EQ]

1 자동 채우기와 셀 서식으로 데이터 완성하기

01 엑셀 2016 프로그램을 실행하여 [11차시] 폴더의 '우리반 타자왕.xlsx' 파일을 열어요.

02 [D3] 셀에 1일을 입력하고 채우기 핸들을 [H3] 셀까지 드래그하여 2일~5일을 자동으로 채워요.

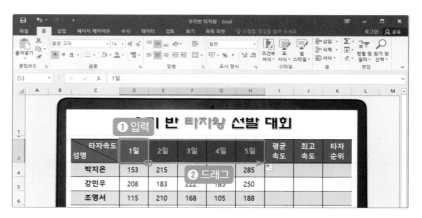

03 타자속도 뒤에 타가 자동으로 표시되도록 [D4:H9] 영역을 선택하고 Ctrl+1을 눌러 [셀 서식] 대화상자의 [표시 형식] 탭-[사용자 지정]의 형식에 0"타"를 입력한 후 [확인]을 클릭해요.

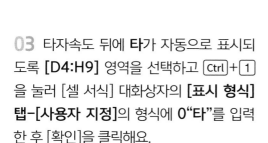

2 함수를 이용하여 결과 값 구하기

01 개인별 평균 속도를 구하기 위해 [I4:I9] 영역을 선택한 후 [홈] 탭-[편집] 그룹-[자동 합계]-[평균]을 클릭해요.

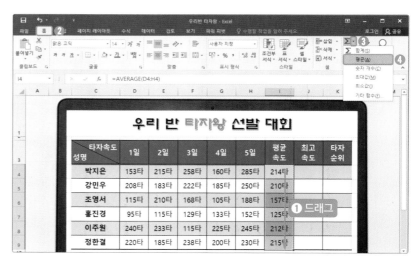

02 개인별 **최고 속도**를 구하기 위해 **[J4]** 셀을 선택하고 **[홈] 탭-[편집] 그룹-[자동 합계]-[최대값]**을 클릭한 후 영역을 **[D4:H4]**로 변경한 다음 Enter 를 눌러요.

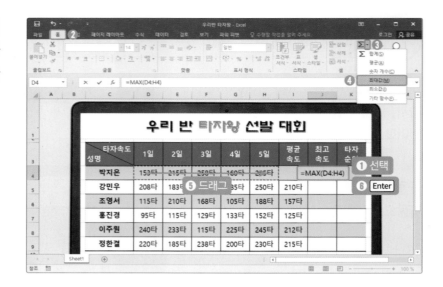

03 수식을 다른 셀에 복사하기 위해 **[J4]** 셀의 채우기 핸들을 **[J9]** 셀까지 드래그한 후 **[자동 채우기 옵션]** 단추를 클릭하여 **'서식 없이 채우기'**를 선택해요.

04 Ctrl + 1 을 눌러 **[셀 서식]** 대화상자의 **[표시 형식] 탭-[사용자 지정]**의 형식에 **0"타"**를 입력한 후 **[확인]**을 클릭해요.

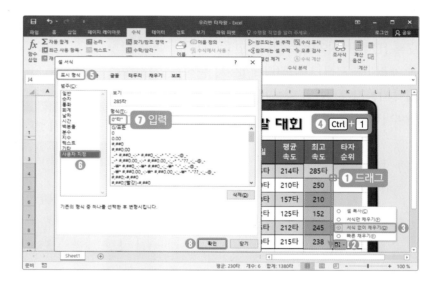

05 최고 속도를 기준으로 **타자 순위**를 구하기 위해 **[K4]** 셀을 선택하고 **[수식] 탭-[함수 라이브러리] 그룹-[함수 더 보기]-[통계]-[RANK.EQ]**를 클릭해요.

06 [함수 인수] 대화상자에 다음과 같이 입력하되, **Ref**에 **[J4:J9]** 영역을 드래그하고 F4를 눌러 영역을 고정한 후 [확인]을 클릭해요.

· Number : J4   [J4] 셀의 순위를
· Ref : $J$4:$J$9   [J4:J9] 영역에서 구함

 · RANK.EQ 함수 : 동점자를 같은 순위로 표시하고 그 다음 순위는 표시하지 않습니다.
· RANK.AVG 함수 : 동점자의 수에 따라 평균 순위를 표시합니다.

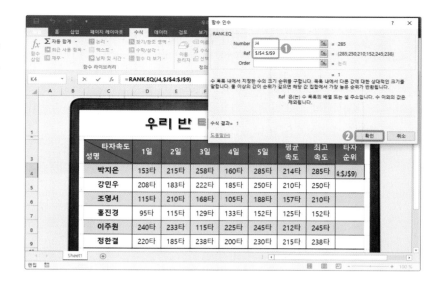

07 순위 뒤에 **등**이 자동으로 표시되도록 **[K4]** 셀에서 Ctrl+1을 눌러 [셀 서식] 대화상자의 **[표시 형식] 탭-[사용자 지정]** 의 형식에 **0"등"**을 입력한 후 [확인]을 클릭해요.

08 나머지 순위도 구하기 위해 **[K4]** 셀에서 Ctrl+C를 눌러 복사하고 **[K5:K9]** 영역을 선택하여 Ctrl+V를 눌러 붙여 넣은 후 **[붙여넣기 옵션] 단추**를 클릭하여 '**수식 및 숫자 서식(**)'을 선택해요.

 [G11] 셀에는 타자 순위가 구해지기 전에는 "누구일까??"가 표시되고, 순위를 구하면 1등의 성명이 표시되도록 함수를 이용한 수식이 입력되어 있습니다.

01 RANK.EQ 함수식을 IF 함수에 이용하기 위해 **[K4]** 셀을 선택하고 수식 입력줄에서 =를 제외한 **RANK.EQ(J4,$J$4:$J$9)**를 블록 지정한 후 Ctrl+X를 눌러 잘라내요.

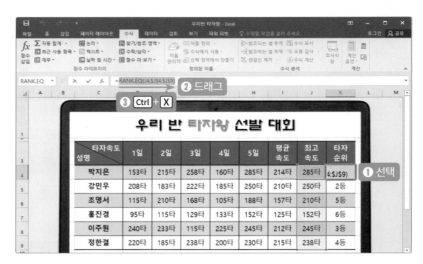

02 **[수식]** 탭-**[함수 라이브러리]** 그룹-**[논리]**-**[IF]**를 클릭한 후 [함수 인수] 대화상자에서 **Logical_test**에 Ctrl+V를 눌러 **RANK.EQ 함수식**을 붙여 넣은 후 뒤쪽에 **<4**를 입력해요.

03 **Value_if_true**에 Ctrl+V를 눌러 **RANK.EQ 함수식**을 붙여 넣고, **Value_if_false**에 **""**를 입력해요.

- Logical_test : RANK.EQ(J4,$J$4:$J$9)<4   순위가 4보다 작은가?
- Value_if_true : RANK.EQ(J4,$J$4:$J$9)   참이면 순위 표시
- Value_if_false : ""   거짓이면 공백 표시

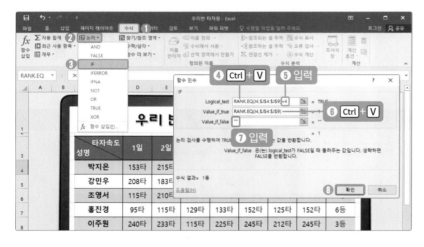

04 함수식을 복사하기 위해 **[K4]** 셀에서 Ctrl+C를 눌러 복사하고 **[K5:K9]** 영역을 선택하여 Ctrl+V를 눌러 붙여 넣은 후 **[붙여넣기 옵션]** 단추를 클릭하여 **'수식 및 숫자 서식(🔢)'**을 선택해요.

혼자서 뚝딱뚝딱

1 '음식 열량 체크.xlsx' 파일을 실행하여 작성 조건에 따라 문서를 완성해 보세요.

· 실습파일 : 음식 열량 체크.xlsx · 완성파일 : 음식 열량 체크(완성).xlsx

내가 좋아하는 음식 열량 순위 알아보기

좋아하는 음식	열량(Kcal)	순위
김치찌개	87kcal	9위
짜장면	670kcal	2위
라면	460kcal	4위
돈까스	960kcal	1위
떡볶이	482kcal	3위
햄버거	318kcal	5위
피자(1조각)	250kcal	6위
오렌지쥬스	92kcal	8위
콜라	97kcal	7위

가장 높은 열량은??
960kcal

나에게 필요한 하루 열량 계산하기

나의 성별은??	여
나의 몸무게는??	37kg

나에게 필요한 열량은..
1232kcal 입니다!!

 작성 조건

셀 서식	· [C4:C12] 영역 : [셀 서식]-[표시 형식] 탭-[사용자 지정]의 형식에 0"kcal" 입력
	· [F4] 셀 : [셀 서식]-[표시 형식] 탭-[사용자 지정]의 형식에 0"kcal" 입력
	· [H9] 셀 : [셀 서식]-[표시 형식] 탭-[사용자 지정]의 형식에 0"kg" 입력
	· [F12] 셀 : [셀 서식]-[표시 형식] 탭-[사용자 지정]의 형식에 0"kcal 입니다!!" 입력
열량 순위	· [수식] 탭-[함수 라이브러리] 그룹-[함수 더 보기]-[통계]-[RANK.EQ]
	- Number : C4
	- Ref : $C$4:$C$12
	· RANK 함수에 &"위" 표시
	· 함수 복사 : '수식 및 숫자 서식(🖌)' 옵션 이용
가장 높은 열량	· [홈] 탭-[편집] 그룹-[자동 합계]-[최대값]

💡 반복 문자가 한글이 아닐 경우에는 반드시 앞뒤에 큰따옴표("")를 붙여줘야 합니다.

12 우리 반 체력왕 선발 대회

평소에 축구를 좋아하는 흥민이는 우리 반 체력왕이 누구인지 궁금했어요. 그래서 체력 측정 종목별로 최고 기록 종목이 가장 많은 사람을 체력왕으로 뽑고 싶어요. 흥민이와 함께 우리반 체력왕이 누구인지 엑셀로 만들고 그 결과를 알아 볼까요?

학습목표
» 셀 서식을 이용하여 표를 깔끔하게 만들 수 있습니다.
» 조건부 서식을 이용하여 종목별로 1등을 찾을 수 있습니다.
» 체력왕의 이름만 입력하면 자동으로 문장으로 표시할 수 있습니다.

· 실습파일 : 체력 측정표.xlsx · 완성파일 : 체력 측정표(완성).xlsx

 미리보기

우리 반 체력왕은 누구일까?

이 름	체 력 측 정 종 목						최고 기록 종목 개수
	팔 굽혀 펴기	윗몸 일으키기	100m 달리기	매달리기	줄넘기	멀리뛰기	
김연경	25개	48개	18초	35초	80개	130m	0개
김연아	18개	51개	16초	48초	75개	155m	0개
류현진	32개	45개	17초	50초	90개	170m	1개
박태환	55개	62개	15초	32초	105개	185m	4개
손흥민	29개	73개	19초	23초	79개	177m	1개

우리 반 체력왕은 박태환입니다!!!

 **오늘 배울 기능**

➡ **숫자 뒤에 문자 자동으로 표시하기** : [셀 서식]-[표시 형식] 탭-[사용자 지정]

➡ **테두리 설정하기** : [홈] 탭-[글꼴] 그룹-[테두리]-[모든 테두리]/[굵은 바깥쪽 테두리]

➡ **종목별 1등 표시하기** : [홈] 탭-[스타일] 그룹-[조건부 서식]-[상위/하위 규칙]-[상위 10개 항목]

01 엑셀 2016 프로그램을 실행하여 [12차시] 폴더의 '**체력 측정표.xlsx**' 파일을 열어요.

02 다음과 같이 이름과 체력 측정 결과를 입력해요.

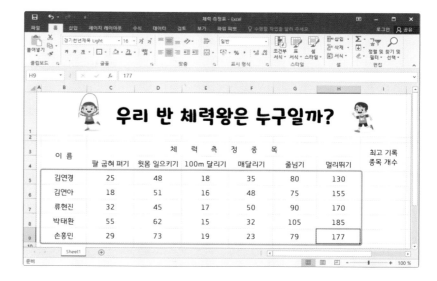

03 '**팔 굽혀 펴기**'와 '**윗몸 일으키기**', '**줄넘기**' 종목의 결과 뒤에 **개**를 표시하기 위해 Ctrl을 이용하여 [C5:D9], [G5:G9] 영역을 선택해요.

04 Ctrl+1을 눌러 [셀 서식] 대화상자의 [**표시 형식**] 탭-[**사용자 지정**]의 형식에 0"개"를 입력한 후 [확인]을 클릭해요.

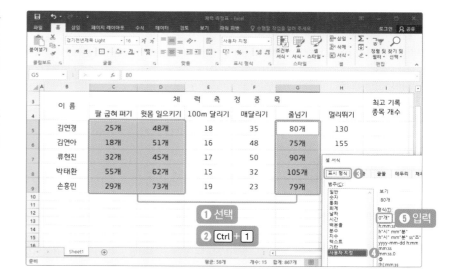

05 같은 방법으로 '**100m 달리기**'와 '**매달리기**' 종목인 [E5:F9] 영역은 0"초"로 셀 서식을 지정해요.

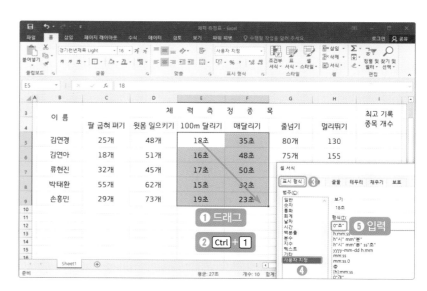

06 같은 방법으로 '멀리뛰기' 종목인 [H5:H9] 영역은 0"m"로 셀 서식을 지정해요.

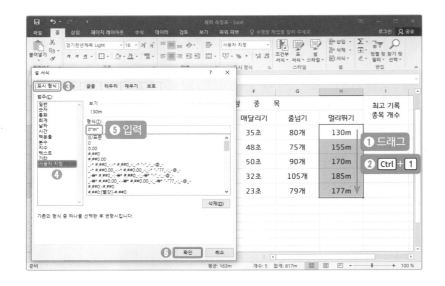

07 표 모양으로 만들기 위해 [B3:I9] 영역을 선택하고 [홈] 탭-[글꼴] 그룹-[테두리]에서 [모든 테두리]와 [굵은 바깥쪽 테두리]를 설정해요.

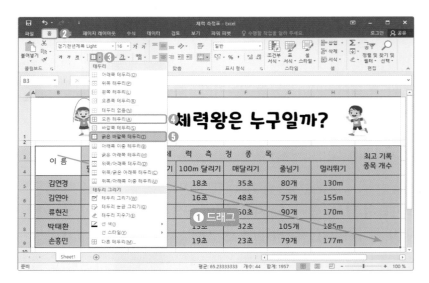

08 항목명인 [B3:I4] 영역을 선택한 후 테두리와 채우기 색을 다음과 같이 설정해요.

· ❸ 테두리(굵은 바깥쪽 테두리) ❺ 채우기 색(황금색, 강조 4, 60% 더 밝게)

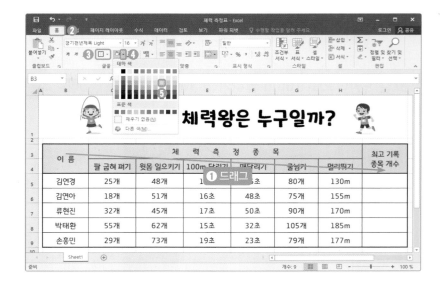

② 조건부 서식을 이용하여 종목별 1등 찾기

01 종목별 최고 기록을 조건부 서식으로 구하기 위해 '팔 굽혀 펴기' 종목의 기록이 입력되어 있는 **[C5:C9]** 영역을 선택하고 **[홈] 탭-[스타일] 그룹-[조건부 서식]- [상위/하위 규칙]-[상위 10개 항목]**을 클릭해요.

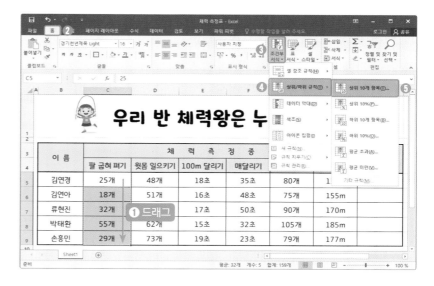

02 [상위 10개 항목] 대화상자에서 상위 순위를 1로 지정하고, 적용할 서식을 **진한 빨강 텍스트가 있는 연한 빨강 채우기**로 설정한 후 [확인]을 클릭해요.

03 같은 방법으로 D~H열에 조건부 서식을 각각 지정하되, **'100m 달리기'** 종목은 시간이 짧을수록 좋은 기록이므로 **[하위 10개 항목]**으로 지정해요.

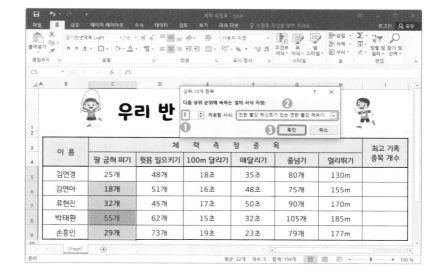

04 학생별로 붉게 표시된 기록의 개수를 세어 **'최고 기록 종목 개수'**에 숫자를 입력해요.

05 **[I5:I9]** 영역을 선택하고 Ctrl + 1을 눌러 [셀 서식] 대화상자의 **[표시 형식] 탭-[사용자 지정]**의 형식에 0**"개"**를 입력한 후 [확인]을 클릭해요.

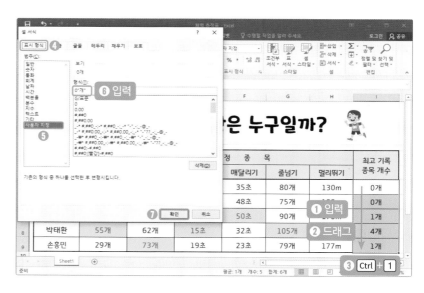

01 10행의 행 머리글을 클릭하고 [홈] 탭-[셀] 그룹-[서식]-[행 높이]를 클릭하여 행 높이를 12로 설정한 후 같은 방법으로 11행의 행 높이를 45로 설정해요.

02 우리 반 체력왕이 표시될 [B11:I11] 영역을 선택한 후 [홈] 탭-[맞춤] 그룹-[병합하고 가운데 맞춤]을 클릭해요.

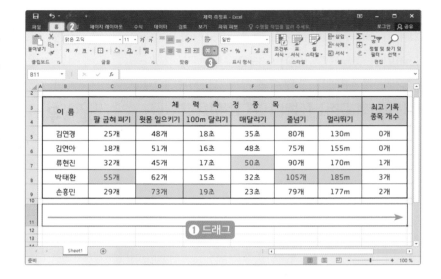

03 [B11] 셀을 선택하고 [홈] 탭-[글꼴] 그룹에서 글꼴과 글꼴 크기, 채우기 색, 글꼴 색을 다음과 같이 설정해요.

· ❸ 글꼴(경기천년제목 Medium) ❹ 글꼴 크기(32pt)
❺ 채우기 색(파랑) ❻ 글꼴 색(흰색, 배경 1)

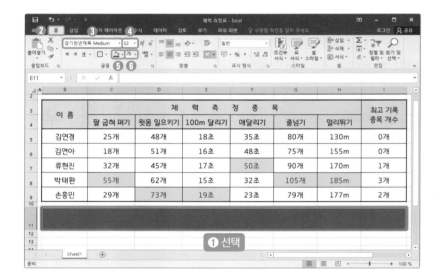

04 Ctrl+1을 눌러 [셀 서식] 대화상자의 [표시 형식] 탭-[사용자 지정]의 형식에 "우리 반 체력왕은 "@"입니다!!!"를 입력한 후 [확인]을 클릭해요.

05 1등의 개수가 가장 많은 **박태환**을 입력하고 Enter를 누르면 우리 반 체력왕이 표시돼요.

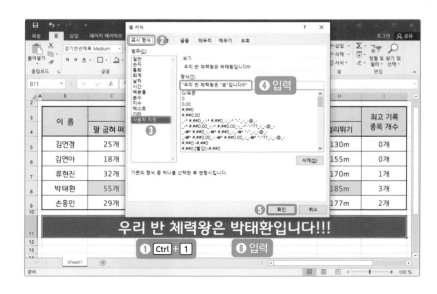

1 '우리반 별점왕.xlsx' 파일을 실행하여 내용을 입력하고 작성 조건에 따라 문서를 완성해 보세요.

• 실습파일 : 우리반 별점왕.xlsx   • 완성파일 : 우리반 별점왕(완성).xlsx

성명	월요일	화요일	수요일	목요일	금요일	별 개수
김아름	1개	2개	0개	1개	1개	★★★★★
박수하	0개	1개	2개	1개	0개	★★★★
이상미	2개	0개	0개	1개	1개	★★★★
왕도지	0개	1개	1개	0개	1개	★★★
이민영	2개	0개	3개	1개	1개	★★★★★★★

🧭 작성 조건

내용 입력	• [C3:G3] 영역 : "월요일" 입력 후 자동 채우기 • [C4:G8] 영역 : 숫자만 입력
셀 서식	• [C4:G8] 영역 : [셀 서식]-[표시 형식] 탭-[사용자 지정]의 형식에 0"개" 입력
별 개수 계산	• 개인별로 일주일 동안 받은 별의 개수 구하기 • [H4] 셀 • REPT 함수 사용 　- [수식] 탭-[함수 라이브러리] 그룹-[텍스트]-[REPT] 　- [함수 인수] 대화상자 : Text에는 "★"(ㅁ+한자), Number_times에는 'SUM(C4:G4)' 　　입력
테두리	• [B3:H8] 영역 : 모든 테두리, 굵은 바깥쪽 테두리 • [B3:H3] 영역 : 아래쪽 이중 테두리
채우기 색	• [B3:H3] 영역 : 황금색, 강조 4, 60% 더 밝게
눈금선 숨기기	• [보기] 탭-[표시] 그룹-[눈금선] 체크 해제

💡 • REPT 함수는 Number_times에서 지정한 개수만큼 Text를 반환해주는 함수입니다.
　• '=REPT("★",SUM(C4:G4))' : [C4:G4] 영역의 합계만큼 '★'을 반복해서 표시하라는 의미입니다.

13 음성 듣고 입력하는 받아쓰기

받아쓰기 시험 준비를 하고 있는 지우는 받아쓰기 급수표를 엄마께서 읽어주시면 그대로 받아쓰면서 연습을 하고 있어요. 엑셀에는 셀의 내용을 읽어주는 멋진 기능이 있는데, 이 기능으로 음성을 듣고 내용을 입력하고 채점까지 하는 스마트한 받아쓰기 연습 파일을 만들어 볼까요?

학습목표
» 문제를 입력하고 음성으로 변환할 수 있습니다.
» 받아쓰기 결과를 정답과 비교하여 결과를 표시할 수 있습니다.
» 정답은 파란색, 오답은 빨간색으로 표시할 수 있습니다.

• 실습파일 : 음성 받아쓰기.xlsx   • 완성파일 : 음성 받아쓰기(완성).xlsx

음성 듣고 입력하는 받아쓰기

번호	문제 영역	받아쓰기 입력란	결과
1		어머니께 드릴 생일 선물	잘했어요
2		물이 끓어 주전자 밖으로	아쉬워요
3		무거운 역기를 번쩍 들고서	잘했어요
4		손에 커다란 도깨비 방망이가	아쉬워요
5		흥겹게 지저귀는 귀여운 새가	잘했어요
6		사진을 찍으면 안 돼요.	잘했어요
7		그 모습에 환하게 웃었다.	잘했어요
8		마스크를 착용해야 합니다.	잘했어요
9		잎이나 꽃을 갈가 먹습니다.	아쉬워요
10		저는 유튜버가 되고 싶어요.	잘했어요
서지우 학생의 받아쓰기 점수는??			70점

➡ 셀 읽어주기 명령 추가하기 : [빠른 실행 도구 모음 사용자 지정]-[기타 명령]-[모든 명령]-[셀 읽어주기]

➡ 받아쓰기 결과 표시하기 : [수식] 탭-[함수 라이브러리] 그룹-[논리]-[IF]

➡ 결과에 따라 색 다르게 표시하기 : [홈] 탭-[스타일] 그룹-[조건부 서식]-[새 규칙]

1 문제 입력하고 음성으로 변환하기

01 엑셀 2016 프로그램을 실행하여 [13차시] 폴더의 **'음성 받아쓰기.xlsx'** 파일을 열어요.

02 **문제 영역**의 빈 칸에 다음과 같이 문제를 정확하게 입력해요.

- 1 어머니께 드릴 생일 선물
- 2 물이 끓어 주전자 밖으로
- 3 무거운 역기를 번쩍 들고서
- 4 손에 커다란 도깨비방망이가
- 5 흥겹게 지저귀는 귀여운 새가
- 6 사진을 찍으면 안 돼요.
- 7 그 모습에 환하게 웃었다.
- 8 마스크를 착용해야 합니다.
- 9 잎이나 꽃을 갈아 먹습니다.
- 10 저는 유튜버가 되고 싶어요.

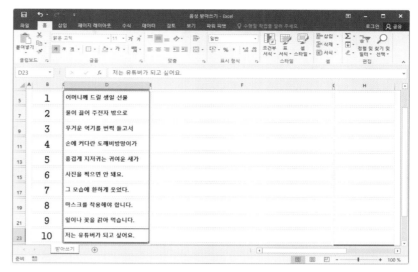

💡 맞춤법은 물론 띄어쓰기와 마침표까지 정확하게 입력해야 됩니다.

03 텍스트를 음성으로 읽어주는 명령을 추가하기 위해 **[빠른 실행 도구 모음]** 옆에 있는 **[빠른 실행 도구 모음 사용자 지정(▼)]**을 클릭한 후 **[기타 명령]**을 클릭해요.

04 [Excel 옵션] 대화상자에서 명령 선택을 **모든 명령**으로 선택한 후 **셀 읽어주기**를 선택하여 **[추가]**를 클릭하고 [확인]을 클릭해요.

05 문제가 입력된 셀을 선택한 후 **[빠른 실행 도구 모음]**의 **[셀 읽어주기(🗨)]** 아이콘을 클릭하여 문제의 텍스트가 음성으로 변환되는지 확인해 보세요.

💡 소리가 나지 않을 경우 소리 볼륨을 확인하거나 스피커나 헤드셋과 같은 소리 출력 장치를 확인합니다.

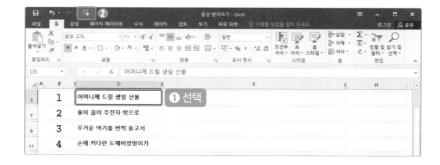

06 받아쓰기 방법을 메모로 알려주기 위해 **[D3]** 셀을 선택하고 마우스 오른쪽 버튼을 클릭하여 **[메모 삽입]**을 클릭해요.

07 컴퓨터 사용자 이름을 지우고 다음과 같이 내용을 입력한 후 Esc 를 눌러요.

· 셀을 선택하고 빠른 실행 도구 모음의 [셀 읽어주기]를 클릭하면 컴퓨터가 문제를 읽어요.

08 마우스 포인터를 **[D3]** 셀에 위치시키면 메모가 나타나요.

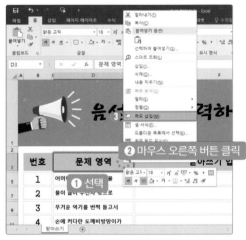
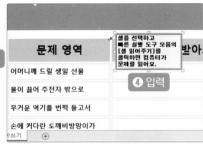
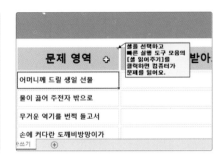

② 정답 여부 판별하기

01 문제를 듣고 받아쓴 내용이 정답인지 아닌지 판별하기 위해 **[H5]** 셀을 선택하고 **[수식] 탭-[함수 라이브러리] 그룹-[논리]-[IF]**를 클릭한 후 [함수 인수] 대화상자에 다음과 같이 입력해요.

· Logical_test : ISBLANK(F5)   [F5] 셀이 비었는가?
· Value_if_true : ""   참이면 공백 표시

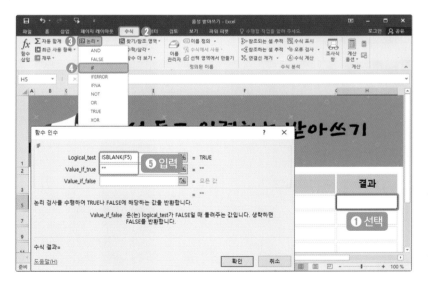

02 **Value_if_false** 상자 안쪽을 클릭하고 왼쪽 위의 이름 상자에 있는 **IF 함수(** IF **)**를 클릭하여 **두 번째 IF 함수**가 삽입되면 다음과 같이 입력한 후 [확인]을 클릭해요.

· Logical_test : F5=D5   입력한 내용이 정답과 같은가?
· Value_if_true : "잘했어요"   참이면 맞았음을 표시
· Value_if_false : "아쉬워요"   거짓이면 틀렸음을 표시

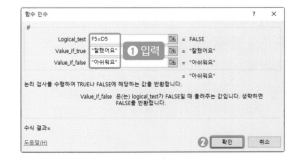

76

03 수식을 복사하기 위해 [H5] 셀을 선택하여 Ctrl + C를 눌러 복사한 후 [H7] 셀을 클릭하고 Ctrl을 누른 채 [H9], [H11], [H13], [H15], [H17], [H19], [H21], [H23] 셀을 클릭하여 선택한 다음 Ctrl + V를 눌러 붙여 넣어요.

04 [F5] 셀에 정확한 내용을 입력하고, [F7] 셀에 틀린 내용을 입력하면 결과 항목에 각각 **잘했어요**와 **아쉬워요**가 표시돼요.

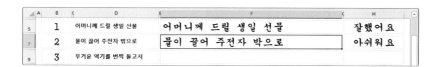

 ③ 정답과 오답을 색으로 구분하기

01 문제를 맞혔을 경우 받아쓴 내용과 결과를 파란색으로 표시하기 위하여 **[F5:H23]** 영역을 선택하고 **[홈] 탭-[스타일] 그룹-[조건부 서식]-[새 규칙]**을 클릭한 후 [새 서식 규칙] 대화상자에서 규칙 유형을 **수식을 사용하여 서식을 지정할 셀 결정**을 선택해요.

02 **다음 수식이 참인 값의 서식 지정** 상자 안쪽을 클릭하여 [H5] 셀을 선택하고 $H$5가 표시되면 $H5로 변경한 후 **="잘했어요"**를 입력해요.

· =$H5="잘했어요"

💡 F4를 두 번 누르면 행의 $가 삭제되어 행 고정이 해제됩니다.

03 **[서식]**을 클릭하여 [셀 서식] 대화상자의 **[글꼴] 탭**에서 글꼴 색을 **파랑**으로 지정하고 [확인]을 클릭한 후 [새 서식 규칙] 대화상자의 [확인]을 클릭해요.

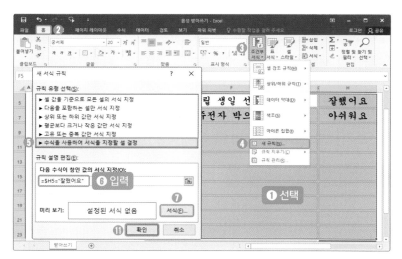

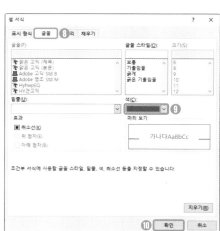

04 문제를 틀렸을 경우 받아쓴 내용과 결과를 빨간색으로 표시하기 위하여 동일한 **[F5:H23]** 영역에서 **[홈]** 탭-**[스타일] 그룹**-**[조건부 서식]**-**[새 규칙]**을 클릭하여 다음과 같이 수식과 서식을 지정해요.

- 수식(=$H5="아쉬워요")
- 글꼴 색(빨강)

05 결과에 따라 글꼴 색이 바뀌는 것을 확인해요.

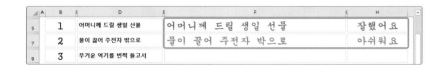

---

4 점수 계산하고 문제 숨기기

01 **[F25]** 셀에 여러분의 이름만 입력해요.

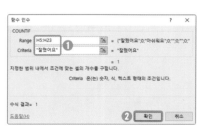

02 '점수'를 구하기 위해 **[H25]** 셀을 선택하고 **[수식] 탭**-**[함수 라이브러리] 그룹**-**[함수 더 보기]**-**[통계]**-**[COUNTIF]**를 클릭한 후 **[함수 인수]** 대화상자에 다음과 같이 입력한 다음 **[확인]**을 클릭해요.

- Range : H5:H23   [H5:H23] 영역에서
- Criteria : "잘했어요"   텍스트 "잘했어요"가 있는 셀의 개수를 구함

03 한 문제당 **10점**으로 계산하고 점수 뒤에 **점**이 입력되도록 수식 입력줄에 입력된 수식 뒤쪽을 클릭하여 ***10&"점"**을 입력해요.

04 문제를 숨기기 위해 **[D5:D23]** 영역을 선택하여 글꼴 색을 **흰색, 배경 1**로 변경해요.

05 문제 내용이 표시되는 수식 입력줄을 숨기기 위해 **[보기] 탭**-**[표시] 그룹**의 **[수식 입력줄]**을 체크 해제해요.

06 직접 받아쓰기를 해보고 점수가 몇 점 나오는지 확인해 보세요.

1. '애국가.xlsx' 파일을 실행하여 작성 조건에 따라 문서를 완성해 보세요.

· 실습파일 : 애국가.xlsx　　· 완성파일 : 애국가(완성).xlsx

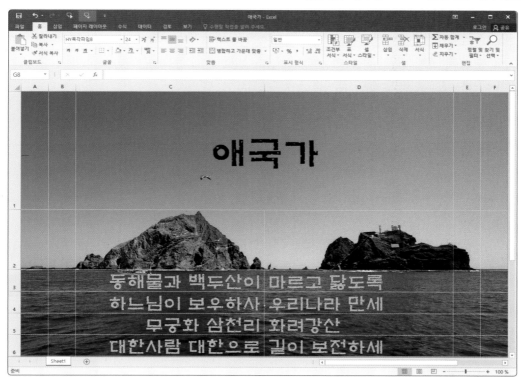

작성 조건

제목 입력	· [C1:D1] 영역 · [홈] 탭-[맞춤] 그룹-[병합하고 가운데 맞춤] · 글꼴 크기 : 72pt
입력하면 셀 읽어주기	· 셀에 입력할 때마다 텍스트를 음성으로 읽어주는 명령 추가 · [빠른 실행 도구 모음] 옆의 [빠른 실행 도구 모음 사용자 지정] 클릭하고 [기타 명령]을 클릭한 후 명령 선택을 '모든 명령'으로 선택하여 '입력하면 셀 읽어주기' 명령 추가  · 빠른 실행 도구 모음의 [입력하면 셀 읽어주기] 아이콘 클릭
애국가 가사	· [C3:D6] 영역　　　　· 글꼴 색 : 주황 · [입력하면 셀 읽어주기] 아이콘을 클릭하고 텍스트를 입력한 후 Tab 이나 Enter 를 눌러 컴퓨터가 애국가 가사를 읽게 하기

 작업이 끝나면 [입력하면 셀 읽어주기]를 다시 클릭하여 입력하면 셀 읽어주기를 해제합니다.

14 방학 과제 체크 리스트

영서는 보람찬 방학을 보내기 위해 방학 과제를 어느 정도 했는지 체크하면서 개학을 준비하고 싶어요. 방학 과제 내용을 작성한 후 완성한 과제와 남은 과제를 구분하고 방학이 앞으로 며칠 남았는지 표시하는 방법에 대해 알아 볼까요?

학습목표
» 체크 표시를 하는 확인란을 삽입할 수 있습니다.
» 확인란의 컨트롤 서식을 지정할 수 있습니다.
» 남은 과제 수와 남은 방학 일수를 구할 수 있습니다.

• 실습파일 : 방학과제 체크리스트.xlsx　• 완성파일 : 방학과제 체크리스트(완성).xlsx

미리보기

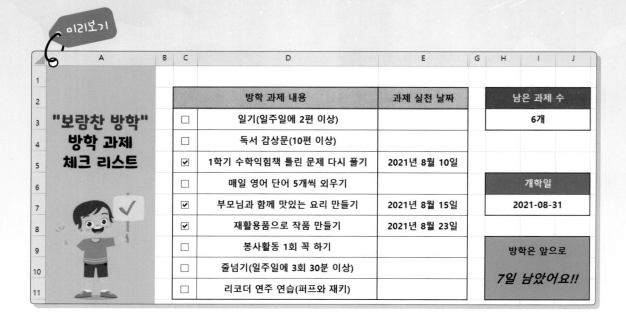

오늘 배울 기능

➡ **[개발 도구] 탭 표시하기** : [리본 사용자 지정] 탭-[리본 메뉴 사용자 지정]-[기본 탭]-[개발 도구] 체크

➡ **확인란 삽입하기** : [개발 도구] 탭-[컨트롤] 그룹-[삽입]-[확인란(양식 컨트롤)]

➡ **남은 과제 수 구하기** : [수식] 탭-[함수 라이브러리] 그룹-[함수 더 보기]-[통계]-[COUNTIF]

1 방학 과제 입력하고 확인란 삽입하기

01 엑셀 2016 프로그램을 실행하여 [14차시] 폴더의 '**방학과제 체크리스트.xlsx**' 파일을 열어요.

02 [D3:D11] 영역에 **방학 과제 내용**을 입력해요.

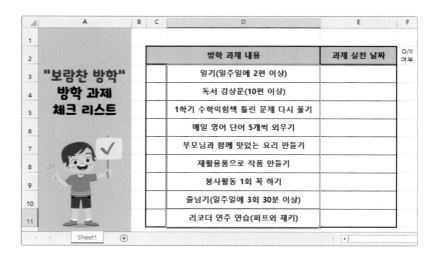

03 [**개발 도구**] 탭이 보이도록 하기 위해 [**파일**] 탭-[**옵션**]을 클릭해요.

04 [Excel 옵션] 대화상자에서 [**리본 사용자 지정**] 탭-[리본 메뉴 사용자 지정]-[기본 탭]을 설정하고 '**개발 도구**'를 체크한 후 [확인]을 클릭해요.

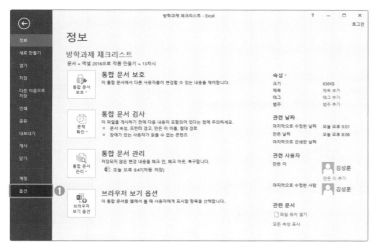

05 **확인란**을 삽입하기 위해 [C3] 셀을 선택하고 [**개발 도구**] 탭-[**컨트롤**] 그룹-[삽입]-[☑(확인란(양식 컨트롤))]을 클릭한 후 [C3] 셀에 드래그한 다음 텍스트는 클릭하여 삭제해요.

06 [Esc]를 눌러 확인란 개체 선택을 해제하고 [C3] 셀의 채우기 핸들을 [C11] 셀까지 드래그한 후 [자동 채우기 옵션] 단추를 클릭하여 '서식 없이 채우기'를 선택해요.

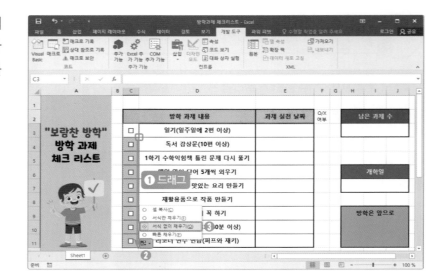

2 날짜 서식과 확인란의 컨트롤 서식 지정하기

01 [E5], [E7], [E8] 셀에 과제를 실천한 날짜를 입력해요.

02 [E3:E11] 영역을 선택하고 날짜 서식을 변경하기 위해 [Ctrl]+[1]을 눌러 [셀 서식] 대화상자의 [표시 형식] 탭-[날짜]-[2012년 3월 14일]을 선택한 후 [확인]을 클릭해요.

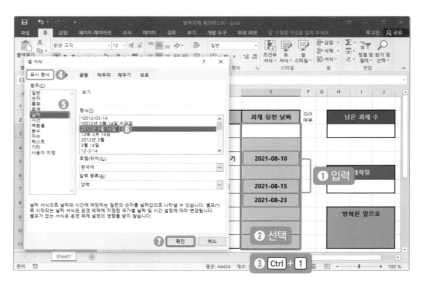

03 확인란의 체크 여부를 알 수 있도록 [C3] 셀의 확인란을 마우스 오른쪽 버튼으로 클릭하여 [컨트롤 서식]을 클릭해요.

04 [컨트롤 서식] 대화상자에서 [컨트롤] 탭의 [셀 연결] 상자 안쪽을 클릭하여 [F3] 셀을 클릭한 후 [확인]을 클릭해요.

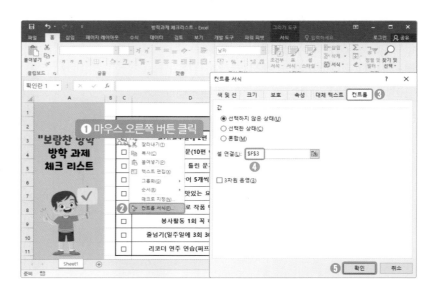

05 확인란을 체크하면 **TRUE**가 표시되고 체크가 해제되면 **FALSE**가 표시되는지 **[F3]** 셀에서 확인해요.

06 같은 방법으로 나머지 셀의 확인란에도 각각 컨트롤 서식을 설정한 후 과제를 실천한 항목들만 체크해요.

💡 [C4:C11] 영역의 각 확인란에 연결하는 셀은 $F$4부터 $F$11로 변경합니다.

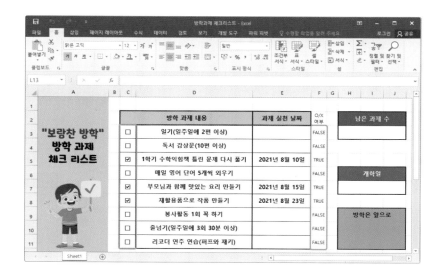

③ 남은 과제 수 구하기

01 함수를 이용하여 '**남은 과제 수**'를 구하기 위해 **[H3]** 셀을 선택하고 **[수식] 탭-[함수 라이브러리] 그룹-[함수 더 보기]-[통계]-[COUNTIF]**를 클릭한 후 **[함수 인수]** 대화상자에 다음과 같이 입력한 다음 **[확인]**을 클릭해요.

· Range : F3:F11   [F3:F11] 영역에서
· Criteria : false   텍스트 "false"가 있는 셀의 개수를 구함

💡 false는 대소문자를 구분하지 않고 입력해도 대문자로 변환됩니다.

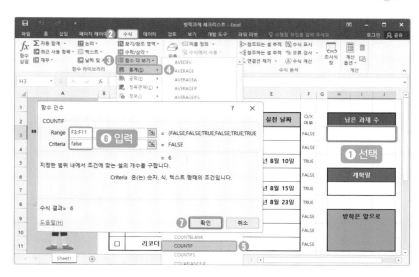

02 '남은 과제 수'의 숫자 뒤에 **개**가 자동으로 입력되도록 수식 입력줄에 입력된 수식 뒤쪽을 클릭하여 **&"개"**를 입력해요.

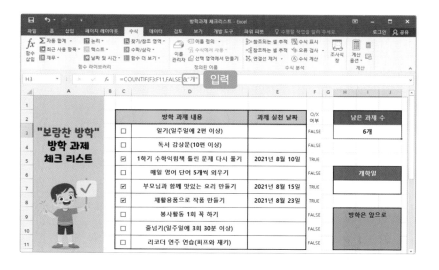

01 [H7] 셀에 개학일인 **2021-08-31**을 입력해요.

02 남은 방학 일수를 구하기 위해 **[H10]** 셀에 **=H7-TODAY()&"일 남았어요!!"**를 입력해요

💡 개학일에서 현재 날짜를 빼기 때문에 현재 날짜가 개학일 이전이거나 많이 차이가 나는 경우에는 개학일은 임의로 입력합니다.

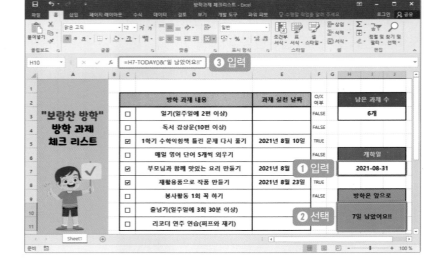

03 텍스트 세로 맞춤을 설정하기 위해 **[H9]** 셀을 선택하고 **[홈] 탭-[맞춤]** 그룹-**[아래쪽 맞춤( )]**을 클릭해요.

04 **[H10]** 셀을 선택하고 **[홈] 탭-[글꼴]** 그룹에서 글꼴 크기와 글꼴 스타일을 지정해요.

· ❺ 글꼴 크기(16pt) ❻ 글꼴 스타일(기울임꼴)

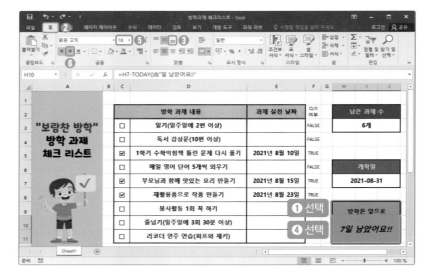

05 F열이 보이지 않도록 하기 위해 **F열**의 열 머리글을 마우스 오른쪽 버튼으로 클릭한 후 **[숨기기]**를 클릭하면 완성돼요.

💡 숨겨진 F열을 다시 표시하려면 F열과 G열 사이의 열 머리글 경계를 더블클릭하거나 숨겨진 F열을 포함하고 있는 E열과 G열의 열 머리글을 선택하고 마우스 오른쪽 버튼을 눌러 [숨기기 취소]를 클릭합니다.

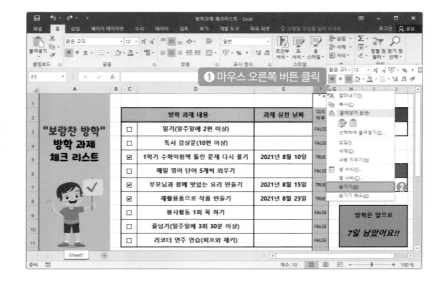

1 '버킷리스트.xlsx' 파일을 실행하여 내용을 입력하고 작성 조건에 따라 문서를 완성해 보세요.

• 실습파일 : 버킷리스트.xlsx   • 완성파일 : 버킷리스트(완성).xlsx

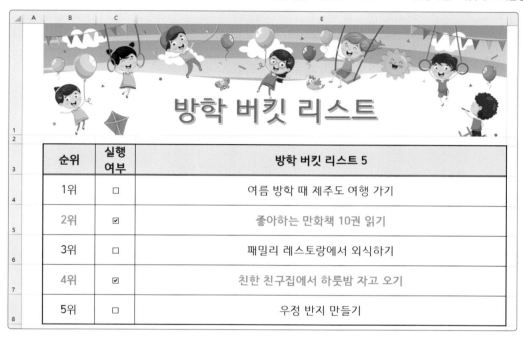

🧭 작성 조건

표 내용 입력	• [B3:E3] 영역 : 채우기 색(파랑, 강조 5, 80% 더 밝게) • [D3] 셀 : 입력 안 함 • [B4:B8] 영역 : 순위를 채우기 핸들로 입력
확인란	• [개발 도구] 탭-[컨트롤] 그룹-[삽입]-[확인란(양식 컨트롤)] • [컨트롤 서식] : [컨트롤] 탭의 [셀 연결]에 각각 [D4], [D5], [D6], [D7], [D8] 셀 클릭하여 입력 • '확인란'에 체크하면 D열에 'TRUE' 표시, 체크를 해제하면 'FALSE' 표시
버킷 리스트	• [E4:E8] 영역에 텍스트 입력 • 확인란 체크 여부에 따라 서식 설정 　－ [홈] 탭-[스타일] 그룹-[조건부 서식] 　　-[새 규칙] 클릭 　－ 규칙 유형 선택 : 수식을 사용하여 서식을 지정할 셀 결정 　－ 다음 수식이 참인 값의 서식 지정 : 　　'=$D4=TRUE' 　－ 서식 : 글꼴 스타일(굵게), 글꼴 색(빨강)
D열	• 숨기기

새 서식 규칙 대화상자:

규칙 유형 선택(S):
► 셀 값을 기준으로 모든 셀의 서식 지정
► 다음을 포함하는 셀만 서식 지정
► 상위 또는 하위 값만 서식 지정
► 평균보다 크거나 작은 값만 서식 지정
► 고유 또는 중복 값만 서식 지정
► 수식을 사용하여 서식을 지정할 셀 결정

규칙 설명 편집(E):
다음 수식이 참인 값의 서식 지정(O):
=$D4=TRUE

미리 보기 :　가나다AaBbCc　서식(F)...

확인　취소

15 신나는 체육대회 점수판

학년별 체육대회를 준비하고 있는 민우는 점수판을 엑셀로 만들고 싶어졌어요. 처음에는 점수를 직접 입력하려고 했는데, 단추를 클릭하여 점수를 올리거나 내리면 더 좋겠다는 생각이 들었어요. 스핀 단추를 이용하여 점수를 조정하고 멋진 배경을 넣어 점수판을 만들어 볼까요?

학습목표
» 팀 이름과 점수가 잘 보이도록 서식을 설정할 수 있습니다.
» 점수를 변경시키는 스핀 단추 삽입할 수 있습니다.
» 그림을 배경으로 삽입하여 체육대회 점수판을 멋지게 만들 수 있습니다.

· **실습파일** : 점수판 배경.png　　· **완성파일** : 체육대회 점수판(완성).xlsx

미리보기

오늘 배울 기능

➡ **행 높이 및 열 너비 변경하기** : [홈] 탭-[셀] 그룹-[서식]-[행 높이]/[열 너비]
➡ **스핀 단추 삽입하기** : [개발 도구] 탭-[컨트롤] 그룹-[삽입]-[스핀 단추(양식 컨트롤)]
➡ **컨트롤 서식 설정하기** : [컨트롤 서식]-[컨트롤] 탭-[증분 변경]/[셀 연결]

1 행 높이 및 열 너비 변경하기

01 엑셀 2016 프로그램을 실행한 후 [새 통합 문서]를 클릭하여 **빈 통합 문서**를 만들어요.

02 **1행**의 행 머리글을 클릭하고 [홈] **탭-[셀] 그룹-[서식]-[행 높이]**를 클릭하여 [행 높이] 대화상자에서 **89**를 입력한 후 [확인]을 클릭해요.

> 1행의 아무 셀을 선택하고 [행 높이]를 지정해도 됩니다.

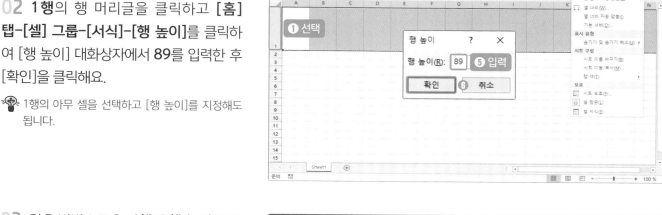

03 같은 방법으로 **2~4행**의 **행 높이**를 다음과 같이 설정해요.

- 2행 : 60
- 3행 : 24
- 4행 : 174

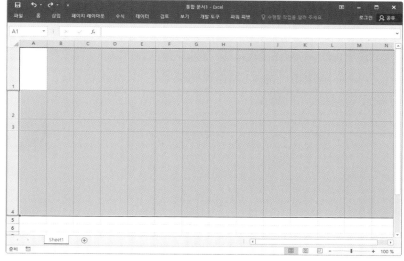

04 [홈] **탭-[셀] 그룹-[서식]-[열 너비]** 메뉴를 이용하여 A, B, D, E열의 **열 너비**를 다음과 같이 설정해요.

- A열 : 24
- B열 : 34
- D열 : 34
- E열 : 24

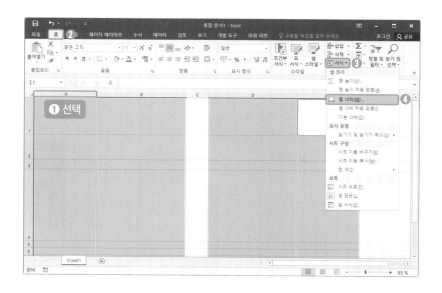

01 **[B2]** 셀을 선택하여 **멋진 청팀**을 입력한 후 **[홈] 탭-[글꼴] 그룹**에서 글꼴을 설정하고 **[맞춤] 그룹**에서 텍스트 맞춤을 설정해요.

· ❹ 글꼴(휴먼모음T) ❺ 글꼴 크기(36pt) ❻ 채우기 색(파랑) ❼ 글꼴 색(흰색, 배경 1)
· ❽ 텍스트 맞춤(가로 가운데 맞춤)

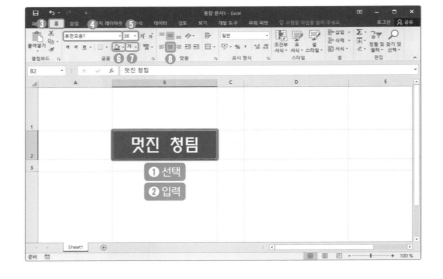

02 **[B2]** 셀을 선택하여 Ctrl+C를 눌러 복사하고 **[D2]** 셀을 선택하여 Ctrl+V를 눌러 붙여 넣은 후 **강한 홍팀**으로 텍스트를 수정한 다음 **[홈] 탭-[글꼴] 그룹**에서 채우기 색을 **빨강**으로 변경해요.

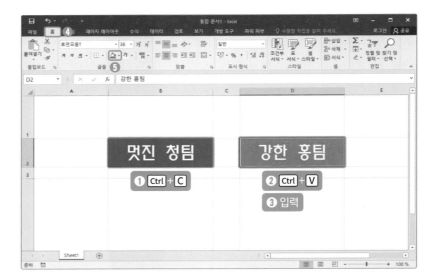

03 Ctrl을 이용하여 **[B4]** 셀과 **[D4]** 셀을 선택한 후 **[홈] 탭-[글꼴] 그룹**에서 글꼴을 설정하고 **[맞춤] 그룹**에서 텍스트 맞춤을 설정해요.

· ❸ 글꼴(휴먼모음T) ❹ 글꼴 크기(100pt) ❺ 채우기 색(검정, 텍스트 1) ❻ 글꼴 색(흰색, 배경 1)
· ❼ 텍스트 맞춤(가로 가운데 맞춤)

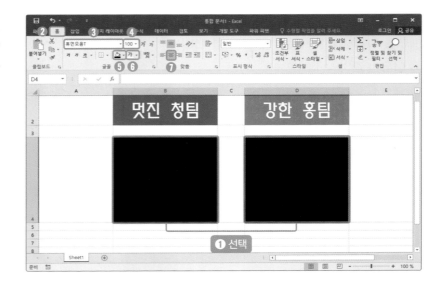

01 스핀 단추를 삽입하기 위해 **[개발 도구] 탭-[컨트롤] 그룹-[삽입]-[⬍(스핀 단추(양식 컨트롤))]**을 클릭한 후 청팀 점수 셀 왼쪽에 드래그하여 삽입해요.

💡 [개발 도구] 탭이 보이지 않으면 [파일] 탭-[옵션]을 클릭하여 [Excel 옵션] 대화상자에서 [리본 사용자 지정] 탭-[리본 메뉴 사용자 지정]-[기본 탭]을 설정하고 '개발 도구'를 체크한 후 [확인]을 클릭하면 됩니다.

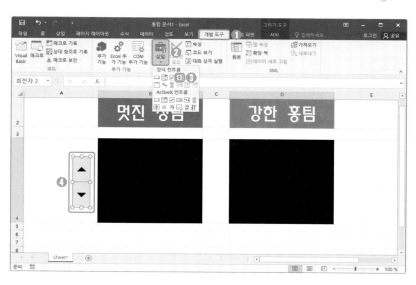

02 스핀 단추가 선택된 상태에서 **[그리기 도구-서식] 탭-[크기] 그룹**에서 크기를 설정한 후 위치를 조정해요.

・❸ 높이(4cm), 너비(1cm)

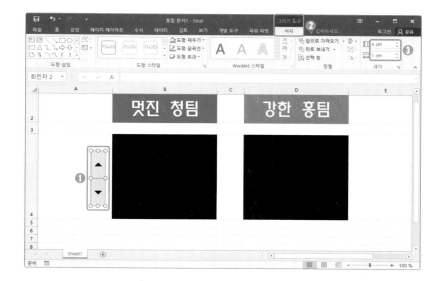

03 스핀 단추를 마우스 오른쪽 버튼으로 클릭하여 **[컨트롤 서식]**을 클릭해요.

04 **[컨트롤 서식]** 대화상자의 **[컨트롤] 탭**에서 **증분 변경**은 **10**으로 지정하고 **셀 연결** 상자 안쪽을 클릭하여 **[B4]** 셀을 클릭한 후 [확인]을 클릭해요.

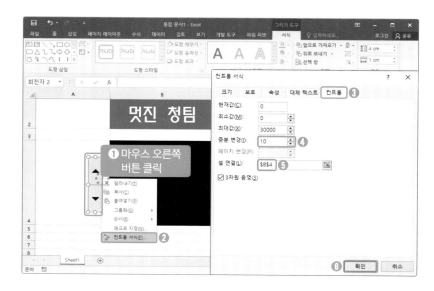

05 스핀 단추를 Ctrl+Shift+드래그하여 오른쪽에 복제해요.

06 복제된 스핀 단추를 마우스 오른쪽 버튼으로 클릭하여 [컨트롤 서식]을 클릭한 후 **셀 연결**을 [D4] 셀로 지정해요.

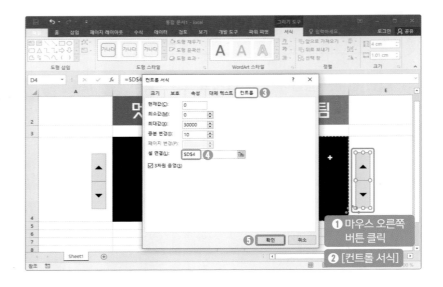

07 스핀 단추를 클릭하여 청팀과 홍팀의 점수를 변경해 보세요.

 4 점수판 배경 삽입하여 체육대회 점수판 완성하기

01 점수판 배경을 삽입하기 위해 [A1] 셀을 선택하고 [삽입] 탭-[일러스트레이션] 그룹-[그림]을 클릭하여 [15차시] 폴더의 '점수판 배경.png'을 삽입해요.

02 Alt 를 누른 상태에서 삽입된 그림의 크기 조정 핸들을 드래그하여 [A1:E20] 영역에 배치시킨 후 그림을 마우스 오른쪽 버튼으로 클릭하여 [맨 뒤로 보내기]-[맨 뒤로 보내기]를 클릭해요.

03 [파일]-[다른 이름으로 저장] 메뉴를 클릭하여 '체육대회 점수판(완성).xlsx'로 저장해요.

1 '탁구 점수판.xlsx' 파일을 실행하여 작성 조건에 따라 문서를 완성해 보세요.

• **실습파일** : 탁구 점수판.xlsx, 탁구 배경.png   • **완성파일** : 탁구 점수판(완성).xlsx

작성 조건

게임 점수	• 병합하고 가운데 맞춤 : [B2:B3], [H2:H3] • 채우기 색 : 파랑, 진한 빨강 • 글꼴 크기 : 80pt • 글꼴 색 : '흰색, 배경 1'
세트 점수	• 채우기 색 : 파랑, 진한 빨강 • 글꼴 크기 : 60pt • 글꼴 색 : '흰색, 배경 1'
스핀 단추	• [개발 도구] 탭-[컨트롤] 그룹-[삽입]-[스핀 단추(양식 컨트롤)] • 게임 점수 스핀 단추 컨트롤 서식 　- 최소값(0), 최대값(20), 증분 변경(1) • 세트 점수 스핀 단추 컨트롤 서식 　- 최소값(0), 최대값(4), 증분 변경(1)
그림 삽입	• [삽입] 탭-[일러스트레이션] 그룹-[그림]을 클릭하여 '탁구 배경' 삽입 • [맨 뒤로 보내기] • 위치 : [A1:I4] 영역

탁구 경기 규칙
• 7게임 중 4게임을 이기거나 5게임 중 3게임을 이기면 승리합니다.
• 각 게임은 최소 2점 차가 나면서 11점을 먼저 획득하면 승리합니다.
• 10:10 동점에서는 2점 차가 날 때까지 경기를 계속합니다.

16 나의 성장 기록표

진수는 다른 친구들보다 키가 작은 것 같아서 걱정이 정말 많은데, 아빠께서 5살부터 10살까지 기록된 진수의 키와 평균 키를 비교해보자고 하셨어요. 엑셀을 이용하여 나의 성장 기록표를 만들어 정말 다른 친구들보다 키가 작은지 확인해 볼까요?

학습목표
» 표 데이터를 입력하고 꾸밀 수 있습니다.
» 표 데이터로 차트를 만들고 디자인할 수 있습니다.
» 차트의 종류를 바꾸고 막대를 그림으로 채울 수 있습니다.

· **실습파일** : 성장 기록표.xlsx, 키1~키6.jpg　　· **완성파일** : 성장 기록표(완성).xlsx

미리보기

	5세	6세	7세	8세	9세	10세
평균 키	110.5cm	116.6cm	123.7cm	129.1cm	134.2cm	139.4cm
나의 키	108.2cm	113.9cm	120.2cm	127.8cm	136.5cm	145.9cm

성장 기록 차트

오늘 배울 기능
➤ **차트 삽입하기** : [삽입] 탭-[차트] 그룹-[추천 차트]-[묶은 세로 막대형]
➤ **차트 종류 변경하기** : [차트 도구-디자인] 탭-[종류] 그룹-[차트 종류 변경]
➤ **막대를 그림으로 채우기** : [데이터 요소 서식] 작업 창-[채우기 및 선]-[채우기]-
　　[그림 또는 질감 채우기]-[파일]

1 표 데이터 입력하고 꾸미기

01 엑셀 2016 프로그램을 실행하여 [16차시] 폴더의 '**성장 기록표.xlsx**' 파일을 연후 그림과 같이 차트에 사용될 데이터를 입력해요.

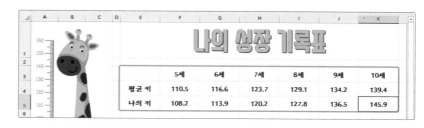

02 키 뒤에 **cm**가 자동으로 입력되도록 [F4:K5] 영역을 선택하고 Ctrl+1을 눌러 [셀 서식] 대화상자의 [표시 형식] 탭-[사용자 지정]의 형식에 **0.0"cm"**를 입력한 후 [확인]을 클릭해요.

03 표 테두리를 지정하기 위해 [E3:K5] 영역을 선택한 후 [홈] 탭-[글꼴] 그룹-[테두리]에서 [모든 테두리]와 [굵은 바깥쪽 테두리]를 설정해요.

04 이어서 [E3:K3] 영역을 선택하고 [테두리]-[아래쪽 이중 테두리]를 설정해요.

05 [E3] 셀을 선택하고 [홈] 탭-[글꼴] 그룹-[테두리]-[다른 테두리]를 클릭하여 [셀 서식] 대화상자의 [테두리] 탭에서 선 스타일을 **가는 실선**으로 선택한 후 **하향 대각선**을 선택한 다음 [확인]을 클릭해요.

06 Ctrl을 이용하여 [E3:K3], [E4:E5] 영역을 선택하고 [홈] 탭-[글꼴] 그룹-[채우기 색]-[황금색, 강조 4, 80% 더 밝게]를 클릭해요.

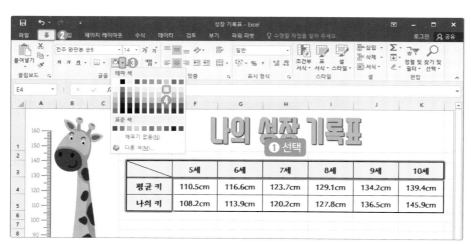

01 차트를 만들기 위해 **[E3:K5]** 영역을 선택한 후 **[삽입] 탭-[차트] 그룹-[추천 차트]**를 클릭해요.

02 **[차트 삽입]** 대화상자의 **[추천 차트] 탭**에서 **묶은 세로 막대형**을 선택한 후 **[확인]**을 클릭해요.

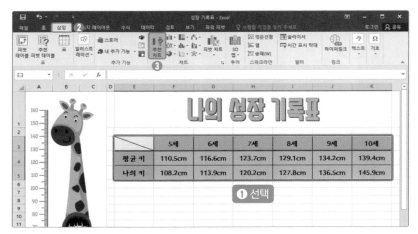
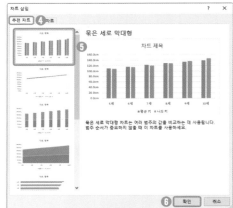

03 차트가 삽입되면 크기와 위치를 조정하여 **[E7:K22]** 영역에 배치해요.

04 차트의 레이아웃을 변경하기 위해 **[차트 도구-디자인] 탭-[차트 레이아웃] 그룹-[빠른 레이아웃]-[레이아웃 3]**을 클릭해요.

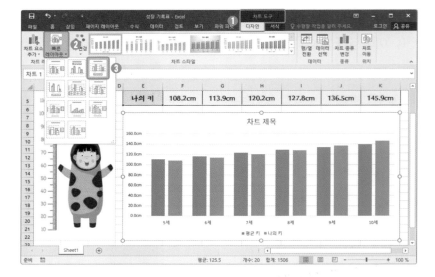

05 차트 스타일을 변경하기 위해 **[차트 도구-디자인] 탭-[차트 스타일] 그룹**의 **[자세히(▼)]** 버튼을 클릭하여 **[스타일 8]**을 클릭해요.

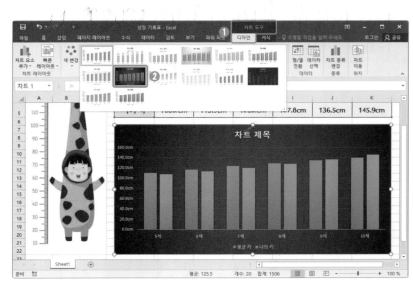

06 차트 윗부분의 **차트 제목**을 선택하고 한 번 더 클릭하여 **성장 기록 차트**를 입력해요.

07 평균 키와 나의 키 성장률을 한눈에 비교하기 위해 주황색의 **나의 키** 막대를 선택하고 **[차트 도구-디자인] 탭-[종류] 그룹-[차트 종류 변경]**을 클릭해요. [차트 종류 변경] 대화상자에서 **나의 키** 계열의 차트 종류를 **표식이 있는 꺾은 선형**으로 변경하고 [확인]을 클릭해요.

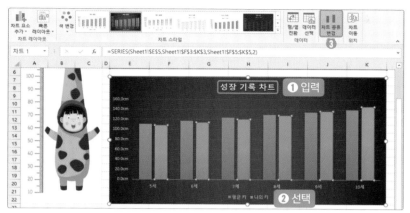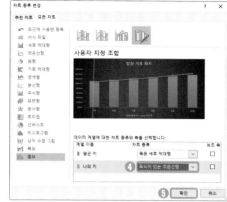

③ 차트 꾸미기

01 막대 간격을 줄여 막대 폭을 넓게 하기 위해 **평균 키** 막대를 마우스 오른쪽 버튼으로 클릭하여 **[데이터 계열 서식]**을 클릭한 후 [데이터 계열 서식] 작업 창에서 간격 너비를 **30%**로 변경해요.

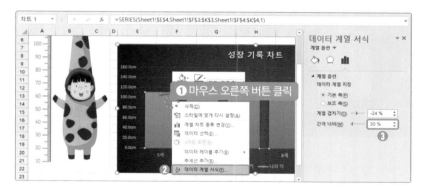

02 세로 축의 범위를 변경하기 위해 차트 왼쪽의 **세로 (값) 축**을 클릭하고 [축 서식] 작업 창에서 **[축 옵션(📊)]**을 클릭하여 최소를 **50.0**, 최대를 **170.0**으로 변경해요.

03 축에 표시된 키를 **정수 형식**으로 표시하기 위해 [축 서식] 작업 창의 아래쪽의 **[표시 형식]-[서식 코드]**를 **0.0"cm"**에서 **0"cm"**로 수정한 후 **[추가]**를 클릭해요.

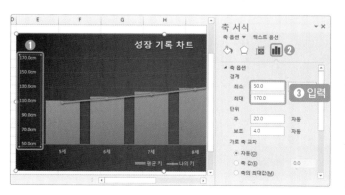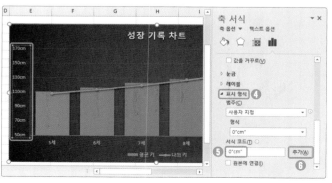

04 막대를 그림으로 채우기 위해 **5세**의 막대를 클릭하고 다시 한 번 더 클릭한 후 [데이터 요소 서식] 작업 창에서 **[채우기 및 선(◇)]**을 클릭한 다음 **[채우기]-[그림 또는 질감 채우기]**를 선택하여 **[파일]**을 클릭해요.

05 [그림 삽입] 대화상자에서 [16차시] 폴더의 **'키1.jpg'** 파일을 선택하고 [삽입]을 클릭하면 5세의 막대가 지정한 그림으로 채워져요.

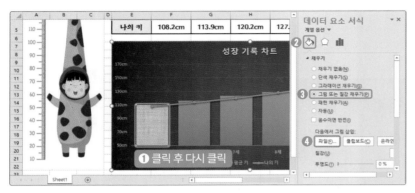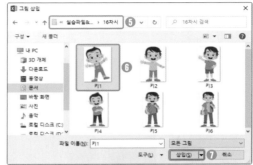

06 같은 방법으로 **6세~10세** 막대를 **'키2.jpg'~'키6.jpg'** 그림으로 채워요.

07 차트의 글꼴 크기를 크게 하기 위해 **세로 (값) 축, 가로 (항목) 축, 범례**를 각각 클릭하여 **[홈] 탭-[글꼴]** 그룹에서 글꼴 크기를 **12pt**로 지정하면 완성돼요.

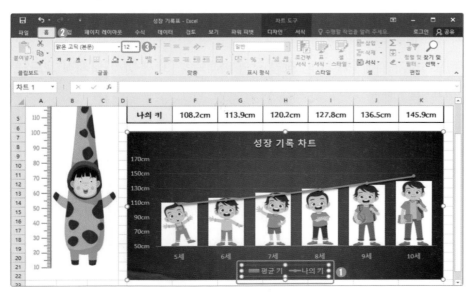

1 '해바라기 키우기.xlsx' 파일을 실행하여 작성 조건에 따라 문서를 완성해 보세요.

· 실습파일 : 해바라기 키우기.xlsx, 이미지 파일(꽃1~꽃7)   · 완성파일 : 해바라기 키우기(완성).xlsx

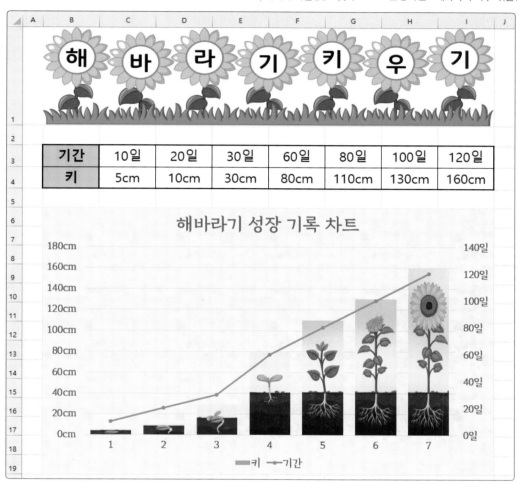

기간	10일	20일	30일	60일	80일	100일	120일
키	5cm	10cm	30cm	80cm	110cm	130cm	160cm

해바라기 성장 기록 차트

🧭 작성 조건

차트 삽입	· [B3:I4] 영역 지정 후 [삽입] 탭-[차트] 그룹-[추천 차트]-[묶은 세로 막대형] · 크기 조절 후 [B6:I19] 영역 위치
차트 제목 서식	· 글꼴(경기천년바탕 Bold), 글꼴 크기(24pt), 글꼴 색(진한 빨강)
차트 영역 서식	· 글꼴(경기천년바탕 Bold), 글꼴 크기(14pt) · 채우기 : [그림 또는 질감 채우기]-[질감]-[양피지]
차트 종류 변경	· '기간' 막대 클릭하고 [차트 도구-디자인] 탭-[종류] 그룹-[차트 종류 변경] 클릭 · 기간 계열의 차트 종류를 '표식이 있는 꺾은선형'으로 변경하고 '보조 축' 체크
데이터 계열 서식	· '키' 막대 클릭하고 [데이터 계열 서식]-[계열 옵션]-[간격 너비]-[30%]
데이터 요소 서식	· '키' 막대 클릭하고 한 번 더 클릭하여 [데이터 요소 서식]-[채우기 및 선]-[채우기]- [그림 또는 질감 채우기]-[파일] 클릭 · 꽃1~꽃7 그림을 삽입하여 '키' 막대를 그림으로 채움

17 학교 도서관 대출 도서 관리표

영서는 도서관에서 권장도서를 빌렸다가 7일 뒤에 반납하였는데요. 도서 대출 기간이 7일이기 때문에 7일 뒤에 반납하면 문제가 없을 것 같았는데, 1일 연체되고 말았어요. 학년별로 권장도서를 선택하고 대출일과 반납일을 입력하면 연체일수가 구해지는 도서 관리표를 만들어 볼까요?

학습목표
» 날짜 서식을 변경할 수 있습니다.
» 학년별 권장도서 목록이 나타나게 할 수 있습니다.
» 대출 기간이 7일을 넘기면 연체일수를 계산할 수 있습니다.

• 실습파일 : 대출 도서 관리표.xlsx • 완성파일 : 대출 도서 관리표(완성).xlsx

하늘초등학교 대출 도서 관리표

번호	대출일	학년	반	성명	도서명	반납일	연체일수
1	5월 10일	1	2	정한결	누가 내 머리에 똥 쌌어?	5월 13일	
2	5월 15일	3	5	박서연	그리스 로마 신화	5월 25일	4일
3	6월 1일	2	1	김태윤	아낌없이 주는 나무	6월 7일	
4	6월 22일	3	3	김주원	칠판 앞에 나가기 싫어	7월 15일	17일
5	7월 11일	2	2	조영서	팥죽 할멈과 오랑이	7월 18일	1일
6	7월 23일	1	1	서지우	돼지책	7월 24일	
7	8월 18일	2	4	심지섭	지각대장 존	8월 31일	7일
8	8월 25일	3	1	최고을	그리스 로마 신화	8월 30일	
9							
10							

➤ **날짜 서식 변경하기** : [셀 서식]-[표시 형식] 탭-[날짜]-[3월 14일]

➤ **학년별 권장도서 목록 지정하기** : [수식] 탭-[함수 라이브러리] 그룹-[찾기/참조 영역]-[CHOOSE]

➤ **연체일수 계산하기** : [수식] 탭-[함수 라이브러리] 그룹-[논리]-[IF]

1 학년별 권장도서 목록이 나타나게 하기

01 엑셀 2016 프로그램을 실행하여 [17차시] 폴더의 '**대출 도서 관리표.xlsx**' 파일을 열어요.

02 날짜 서식을 변경하기 위해 Ctrl 을 이용하여 **C열**과 **H열**의 열 머리글을 선택한 후 Ctrl + 1 을 눌러 [셀 서식] 대화상자의 **[표시 형식] 탭-[날짜]-[3월 14일]**을 선택하고 [확인]을 클릭해요.

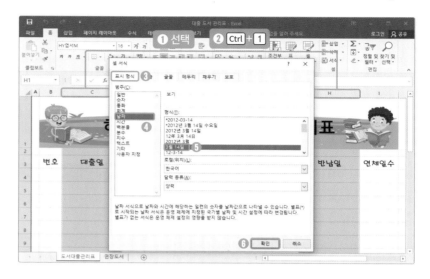

03 학년별로 권장도서 목록을 지정하기 위해 **[G4]** 셀을 선택하고 **[수식] 탭-[함수 라이브러리] 그룹-[찾기/참조 영역]-[CHOOSE]**를 클릭해요.

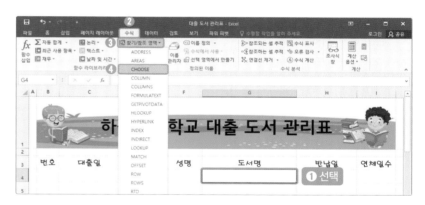

04 [함수 인수] 대화상자에 다음과 같이 입력하되, **Value1~Value3**은 상자 안쪽을 클릭하여 **[권장도서]** 시트의 1~3학년의 권장도서 목록을 드래그하고 F4 를 눌러 절대 참조로 입력한 후 [확인]을 클릭해요.

- Index_num : D4   '학년'이
- Value1 : 권장도서!$B$3:$B$11   1이면 1학년 권장도서 표시
- Value2 : 권장도서!$C$3:$C$11   2이면 2학년 권장도서 표시
- Value3 : 권장도서!$D$3:$D$11   3이면 3학년 권장도서 표시

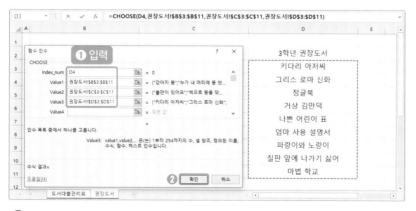

CHOOSE 함수는 CHOOSE(조건, 첫째 값, 둘째 값, 셋째 값, ...) 형식으로, 조건이 1이면 첫째 값, 2이면 둘째 값, 3이면 셋째 값을 표시합니다.

05 수식 입력줄에 있는 학년에 따라 권장 도서 목록을 선택하는 수식을 블록 지정하고 [Ctrl]+[X]를 눌러 잘라낸 후 [Enter]를 눌러요.

💡 함수를 이용한 수식 결과를 셀에 직접 나타내지 않고 [데이터 유효성 검사]를 이용하여 학년에 맞는 도서를 선택할 수 있도록 합니다.

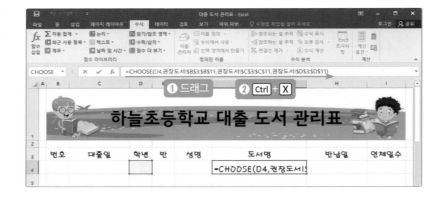

06 다시 [G4] 셀을 선택하고 [데이터] 탭-[데이터 도구] 그룹-[데이터 유효성 검사]-[데이터 유효성 검사]를 클릭해요.

07 [데이터 유효성] 대화상자의 [설정] 탭에서 제한 대상은 **목록**, 원본은 상자 안쪽을 클릭하여 [Ctrl]+[V]를 눌러 붙여 넣은 후 [확인]을 클릭해요.

08 학년이 입력되지 않아 오류 메시지가 나타나면 [예]를 클릭해요.

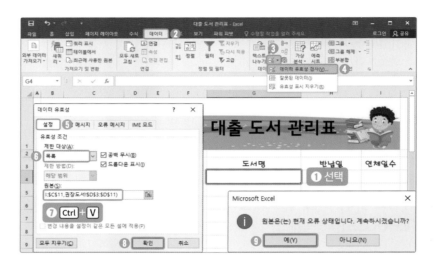

대출 기간이 7일이 넘으면 연체일수 계산하기

01 **연체일수**를 계산하기 위해 [I4] 셀을 선택하고 [수식] 탭-[함수 라이브러리] 그룹-[논리]-[IF]를 클릭한 후 [함수 인수] 대화상자에 다음과 같이 입력한 다음 [확인]을 클릭해요.

- Logical_test : H4-C4>6   대출 기간이 7일이 넘었는가?
- Value_if_true : H4-C4-6&"일"   참이면 연체일수와 "일" 표시
- Value_if_false : ""   거짓이면 공백 표시

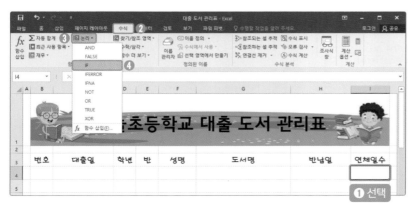

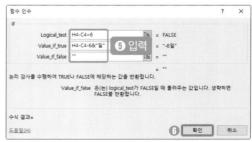

02 [B4] 셀에 1을 입력하고 [B4:I4] 영역을 선택한 후 채우기 핸들을 13행까지 드래그해요.

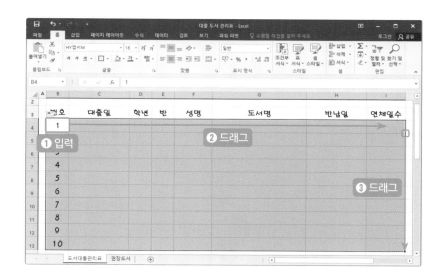

③ 서식 지정하고 대출 정보 입력하기

01 표 모양으로 만들기 위해 [B3:I13] 영역을 선택하고 [홈] 탭-[글꼴] 그룹-[테두리]에서 [모든 테두리]와 [굵은 바깥쪽 테두리]를 설정해요.

02 항목명인 [B3:I3] 영역을 선택한 후 테두리와 채우기 색을 다음과 같이 설정해요.

· ❸ 테두리(굵은 바깥쪽 테두리) ❺ 채우기 색(녹색, 강조 6, 40% 더 밝게)

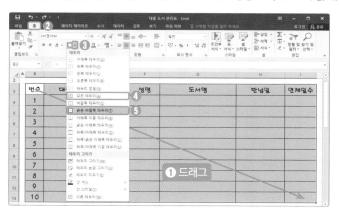

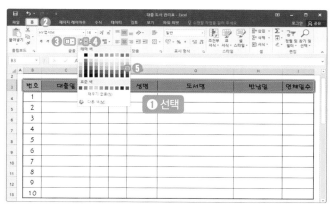

03 대출 도서의 목록을 다음과 같이 입력하되 '대출일'과 '반납일'은 5-10 또는 5/10과 같이 날짜 형식으로 입력하고 '도서명'은 권장 도서 목록에서 선택해요.

04 '반납일'을 입력하면 자동으로 '연체일수'가 계산되는 대출 도서 관리표가 완성되었어요.

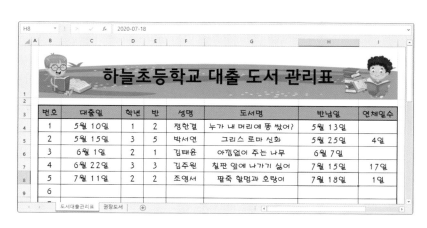

💡 학년은 1, 2, 3 중에서만 입력하며, 학년을 입력하지 않으면 도서명을 선택할 수 없습니다.

1 '어린이 건강체중교실.xlsx' 파일을 실행하여 내용을 입력하고 작성 조건에 따라 문서를 완성해 보세요.

· 실습파일 : 어린이 건강체중교실.xlsx　　· 완성파일 : 어린이 건강체중교실(완성).xlsx

학생명	기간	참여 프로그램	요일	시간	인원
최민준	상반기	수영	월, 금	18:00~18:50	15명
박서연	상반기	성장요가	화, 목	17:00~17:50	12명
김주원	상반기	발레	토, 일	13:00~13:50	22명
오서현	하반기	줌바키즈	월, 수, 금	16:00~16:50	20명
신예준	하반기	음악 줄넘기	토, 일	13:00~13:50	30명

작성 조건

데이터 유효성 검사	· [C4:C8] 영역의 기간을 목록에서 선택하여 입력 · [데이터] 탭-[데이터 도구] 그룹-[데이터 유효성 검사]-[데이터 유효성 검사] 　– 제한 대상 : 목록 　– 원본 : 상반기,하반기
[D4] 셀	· [수식] 탭-[함수 라이브러리] 그룹-[찾기/참조 영역]-[CHOOSE] 클릭 　– Index_num : IF(C4="상반기",1,2) 　– Value1 : 프로그램!$B$3:$B$8 　– Value2 : 프로그램!$G$3:$G$8 · 작성한 CHOOSE 함수식 잘라내기(Ctrl+X) · [데이터] 탭-[데이터 도구] 그룹-[데이터 유효성 검사]-[데이터 유효성 검사] 　– 제한 대상 : 목록 　– 원본 : CHOOSE 함수식 붙여넣기(Ctrl+V) · [D8] 셀까지 채우기 핸들을 드래그하여 나머지 셀에도 데이터 유효성 검사 채우기
테두리	· [B3:G8] 영역 : 모든 테두리, 굵은 바깥쪽 테두리 · [B3:G3] 영역 : 굵은 바깥쪽 테두리

18 용돈 모으기 대작전

지은이는 집안일을 도와주고 엄마께 용돈을 받기로 했어요. 집안일 목록을 정하고 도와드린 항목을 선택하면 자신이 받게 될 용돈이 자동으로 계산되도록 하는 프로그램을 엑셀로 만들고 싶은데, 어떻게 하면 쉽게 만들 수 있을까요?

학습목표

» 집안일 목록에서 선택하여 집안일을 입력할 수 있습니다.
» VLOOKUP 함수와 수식으로 용돈을 계산할 수 있습니다.
» 쉼표 스타일을 적용할 수 있습니다.

· **실습파일** : 용돈 모으기.xlsx   · **완성파일** : 용돈 모으기(완성).xlsx

미리보기

집안일 돕고 용돈 모으기

날짜	집안일	횟수	1회당 금액	금액		집안일 목록	1회당 금액
10월 3일	방 청소하기	1회	1,000	1,000		신발 정리하기	500
10월 4일	신발 정리하기	2회	500	1,000		흰머리 뽑기(10개)	500
10월 8일	빨래 개기	1회	1,000	1,000		방 청소하기	1,000
10월 11일	방 청소하기	1회	1,000	1,000		빨래 개기	1,000
10월 18일	안마하기(10분)	3회	1,500	4,500		안마하기(10분)	1,500
10월 20일	빨래 개기	1회	1,000	1,000			
10월 25일	흰머리 뽑기(10개)	2회	500	1,000			
10월 27일	방 청소하기	1회	1,000	1,000			
10월 30일	흰머리 뽑기(10개)	1회	500	500			
총 금 액				12,000			

오늘 배울 기능

➡ **목록에서 선택하여 입력하기** : [데이터] 탭-[데이터 도구] 그룹-[데이터 유효성 검사]-[데이터 유효성 검사]
➡ **VLOOKUP 함수 사용하기** : [수식] 탭-[함수 라이브러리] 그룹-[찾기/참조 영역]-[VLOOKUP]
➡ **쉼표 스타일 적용하기** : [홈] 탭-[표시 형식] 그룹-[쉼표 스타일]

1 집안일 목록에서 선택하여 집안일 입력하기

01 엑셀 2016 프로그램을 실행하여 [18 차시] 폴더의 '**용돈 모으기.xlsx**' 파일을 열어요.

02 날짜 서식을 변경하기 위해 **[B4:B12]** 영역을 선택한 후 Ctrl+1을 눌러 [셀 서식] 대화상자의 **[표시 형식] 탭-[날짜]-[3월 14일]**을 선택하고 [확인]을 클릭해요.

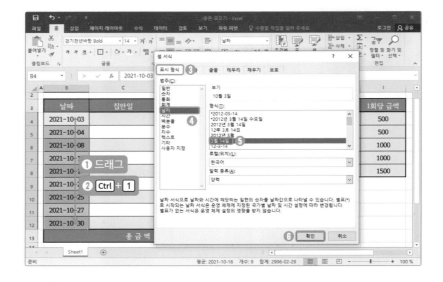

03 집안일을 목록에서 선택하기 위해 **[C4:C12]** 영역을 선택하고 **[데이터] 탭-[데이터 도구] 그룹-[데이터 유효성 검사]-[데이터 유효성 검사]**를 클릭해요.

04 [데이터 유효성] 대화상자의 **[설정] 탭**에서 제한 대상은 **목록**, 원본은 상자 안쪽을 클릭하여 집안일 목록인 **[H4:H8]** 영역을 드래그한 후 [확인]을 클릭해요.

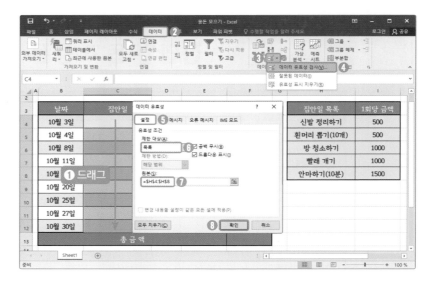

05 **[C4]** 셀을 선택하고 화살표(▼)를 클릭하면 집안일 목록이 보여지며, 목록 중 하나를 선택하면 입력돼요.

▲ A	B	C	D	E	F	G
2						
3	날짜	집안일	횟수	1회당 금액	금액	
4	10월 3일	방 청소하기 ▼				
5	10월 4일	신발 정리하기 흰머리 뽑기(10개)				
6	10월 8일	방 청소하기 빨래 개기 안마하기(10분)				
7	10월 11일					
8	10월 18일					
9	10월 20일					
10	10월 25일					
11	10월 27일					
12	10월 30일					
13		총 금 액				

06 '횟수'의 숫자 뒤에 **회**가 자동으로 입력되도록 [D4:D12] 영역을 선택하고 Ctrl +1을 눌러 [셀 서식] 대화상자의 [표시 형식] 탭-[사용자 지정]의 형식에 0"회"를 입력한 후 [확인]을 클릭해요.

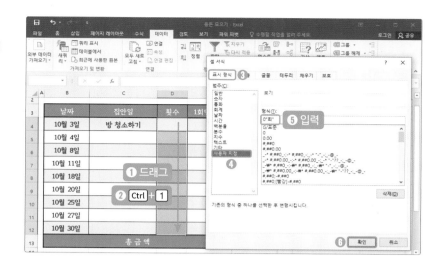

2 VLOOKUP 함수와 수식으로 용돈 계산하기

01 '1회당 금액'을 집안일에 따라 자동 입력하기 위해 [E4] 셀을 선택하고 [수식] 탭-[함수 라이브러리] 그룹-[찾기/참조 영역]-[VLOOKUP]을 클릭한 후 [함수 인수] 대화상자에 다음과 같이 입력한 다음 [확인]을 클릭해요.

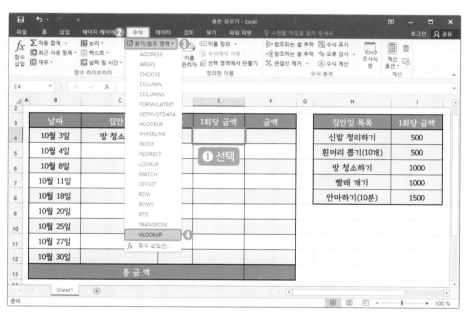

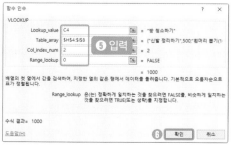

· Lookup_value : C4   집안일별 금액 표의 첫 열에서 "방 청소하기" 값을 찾음

· Table_array : $H$4:$I$8   데이터 범위 지정(데이터를 검색하고 추출하려는 표)

· Col_index_num : 2   집안일별 금액 표의 2번째 열(1회당 금액)을 추출함

· Range_lookup : 0   동일한 값을 찾음(근사값은 1로 지정함)

Table_array에서 데이터 범위를 드래그한 후 F4 를 한 번 누르면 열과 행이 고정되는 절대 참조로 바뀝니다.

02 [D4] 셀을 선택하고 1을 입력하면 **1회**가 표시되는 것을 확인해요.

03 '금액'을 구하기 위해 [F4] 셀을 선택하여 =을 입력한 후 [D4] 셀을 클릭하고 *을 입력한 다음 [E4] 셀을 클릭하고 [Enter]를 눌러요.

04 '1회당 금액'과 '금액'의 수식을 복사하기 위해 [E4:F4] 영역을 선택하고 채우기 핸들을 [F12] 셀까지 드래그한 후 [자동 채우기 옵션] 단추를 클릭하여 '**서식 없이 채우기**'를 선택해요.

🔅 집안일과 횟수 데이터가 비어 있으므로 #N/A로 표시됩니다.

05 [C5:D12] 셀에 다음과 같이 집안일과 횟수 데이터를 입력해요.

날짜	집안일	횟수	1회당 금액	금액		집안일 목록	1회당 금액
10월 3일	방 청소하기	1회	1000	1000		신발 정리하기	500
10월 4일	신발 정리하기	2회	500	1000		흰머리 뽑기(10개)	500
10월 8일	빨래 개기	1회	1000	1000		방 청소하기	1000
10월 11일	방 청소하기	1회	1000	1000		빨래 개기	1000
10월 18일	안마하기(10분)	3회	1500	4500		안마하기(10분)	1500
10월 20일	빨래 개기	1회	1000	1000			
10월 25일	흰머리 뽑기(10개)	2회	500	1000			
10월 27일	방 청소하기	1회	1000	1000			
10월 30일	흰머리 뽑기(10개)	1회	500	500			
총 금 액							

③ 총금액 계산하고 쉼표 스타일 지정하기

01 '총금액'을 계산하기 위해 **[F13]** 셀을 선택하고 **[홈]** 탭-**[편집]** 그룹-**[자동 합계]**-**[합계]**를 클릭한 후 Enter를 눌러요.

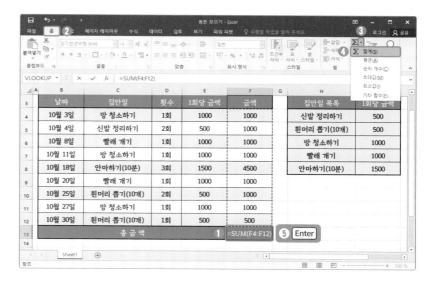

02 1000 단위 구분 기호로 서식을 지정하기 위해 Ctrl을 이용하여 **[E4:E12]**, **[F4:F13]**, **[I4:I8]** 영역을 선택한 후 **[홈]** 탭-**[표시 형식]** 그룹-**[쉼표 스타일]**을 클릭해요.

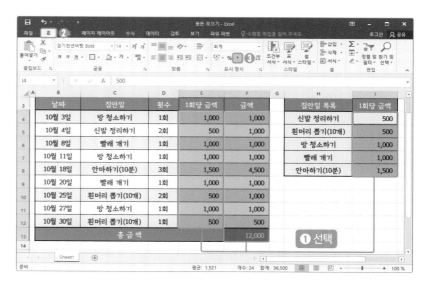

03 집안일 목록에서 '집안일'을 선택하여 입력하면 '1회당 금액'이 자동으로 입력되고 '금액'이 계산된 후 '총금액'이 구해지는 '용돈 모으기' 작품이 완성돼요.

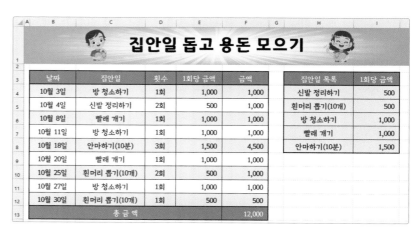

1 '꽃피는 계절 맞히기.xlsx' 파일을 실행하여 작성 조건에 따라 문서를 완성해 보세요.

· 실습파일 : 꽃피는 계절 맞히기.xlsx   · 완성파일 : 꽃피는 계절 맞히기(완성).xlsx

꽃이 피는 계절을 맞춰보세요!!! ^^

꽃 이름	계절은?	정답 여부
개나리	봄	O
장미	봄	X
국화	가을	O
방울꽃	겨울	X
할미꽃	여름	X
무궁화	여름	O
코스모스	가을	O

봄
여름
가을
겨울

내가 맞힌 문제 개수는??

4개

 작성 조건

꽃 이름 입력	· [B4:B10] 영역
데이터 유효성 검사	· [C4:C10] 영역에 계절(봄/여름/가을/겨울)을 목록에서 선택하여 입력 · [데이터] 탭-[데이터 도구] 그룹-[데이터 유효성 검사]-[데이터 유효성 검사] 　- 제한 대상 : 목록 　- 원본 : 봄,여름,가을,겨울
정답 여부	· [D4:D10] 영역은 해당 꽃이 피는 계절을 맞힌 경우 'O', 틀린 경우 'X'가 자동으로 표시됨
맞힌 문제 개수	· 마지막 문제인 코스모스의 계절이 비어 있으면 공백을 표시함 · 코스모스의 계절이 비어 있지 않으면 [D4:D10] 영역에서 텍스트 "O"가 있는 셀 의 개수를 구함 · 맞힌 문제 개수 뒤에 "개"가 자동으로 입력됨 · IF, ISBLANK, COUNTIF 함수와 & 연산자 사용

힌트 =IF(ISBLANK(___),___,COUNTIF(___,___)&___)

19 웃음이 빵빵 터지는 수수께끼

민경이는 이상한 사람들이 가는 병원이 뭐냐고 물어보는 수수께끼에 정신병원이라고 답했는데, 정답은 치과라는 얘길 듣고 그만 웃음이 빵 터지고 말았어요. 재미있는 수수께끼 문제를 보고 정답을 입력하면 그 결과를 보여주도록 엑셀로 만들어 볼까요?

학습목표

» 수수께끼 문제를 보고 입력한 답과 정답을 비교하여 결과를 표시할 수 있습니다.
» 맞힌 문제가 몇 문제인지 개수를 구할 수 있습니다.
» 수수께끼 표를 예쁘게 꾸밀 수 있습니다.

• 실습파일 : 수수께끼.xlsx   • 완성파일 : 수수께끼(완성).xlsx

미리보기

번호	문제	정답	결과
1	이상한 사람들이 가는 병원은?	정신병원	X
2	도둑이 좋아하는 아이스크림은?	설레임	X
3	도둑이 싫어하는 아이스크림은?	누가바	O
4	숫자 5가 무서워하는 것은?	6	X
5	사오정이 다니는 고등학교는?	뭐라고	O
6	사람들이 즐겨 먹는 제비는?	수제비	O
7	이 세상에서 가장 뜨거운 과일은?	백도복숭아	X
8	호주에서 사용하는 돈은?	호주머니	O
9	노루가 다니는 길을 영어로 하면?	노르웨이	O
10	새 4마리와 돼지 2마리를 네 글자로 하면?	새4돼이	X

이다은님의 수수께끼 정답 개수는?   5개입니다!!

오늘 배울 기능

➤ **정답 확인하기** : [수식] 탭-[함수 라이브러리] 그룹-[논리]-[IF]

➤ **결과에 따라 색 다르게 표시하기** : [홈] 탭-[스타일] 그룹-[조건부 서식]-[새 규칙]

➤ **맞힌 문제 개수 구하기** : [수식] 탭-[함수 라이브러리] 그룹-[함수 더 보기]-[통계]-[COUNTIF]

01 엑셀 2016 프로그램을 실행하여 [19차시] 폴더의 '**수수께끼.xlsx**' 파일을 열어요.

02 문제 번호를 입력하기 위해 [E3] 셀에 1을 입력한 후 Ctrl을 누른 채 채우기 핸들을 [E12] 셀까지 드래그해요.

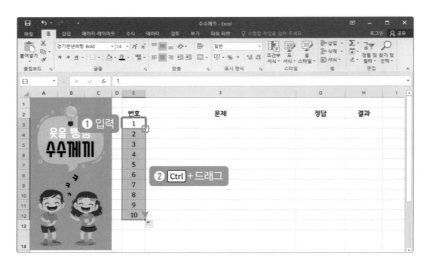

03 [F3:F12] 영역에 수수께끼 문제를 입력하고 [새 시트(⊕)] 버튼을 클릭하여 새 시트를 삽입한 후 새로 추가된 [Sheet2]에 번호와 정답을 입력해요.

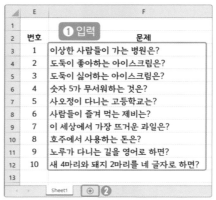

01 정답이 맞는지 틀리는지 확인하기 위해 [Sheet1] 시트의 [H3] 셀을 선택하고 [수식] 탭-[함수 라이브러리] 그룹-[논리]-[IF]를 클릭한 후 [함수 인수] 대화상자에 다음과 같이 입력한 다음 [확인]을 클릭해요.

- Logical_test : ISBLANK(G3)　　　　　　　[G3] 셀이 비었는가?
- Value_if_true : ""　　　　　　　　　　　참이면 공백을 표시
- Value_if_false : IF(G3=Sheet2!B3,"O","X")　거짓일 경우 정답과 같으면 O, 다르면 X를 표시(O, X는 영문 대문자 이용)

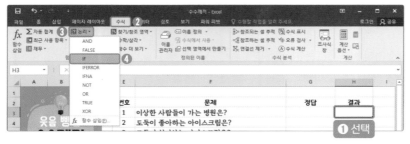

110

02 수식을 복사하기 위해 **[H3]** 셀의 채우기 핸들을 **[H12]** 셀까지 드래그해요.

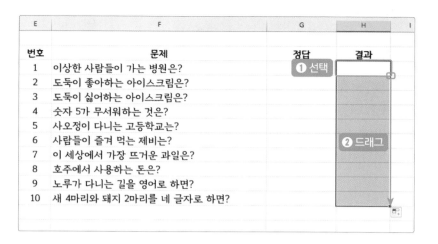

03 입력한 답이 정답일 경우 해당 행의 텍스트를 **굵은 파란색**으로 표시하기 위해 **[E3:H12]** 영역을 선택하고 **[홈] 탭-[스타일] 그룹-[조건부 서식]-[새 규칙]**을 클릭한 후 **[새 서식 규칙]** 대화상자에서 규칙 유형을 **수식을 사용하여 서식을 지정할 셀 결정**을 선택해요.

04 **다음 수식이 참인 값의 서식 지정** 상자 안쪽을 클릭하고 **[H3]** 셀을 선택하여 **$H$3**이 표시되면 **$H3**으로 변경한 후 **="O"**를 입력한 다음 **[서식]**을 클릭해요.

· =$H3="O"

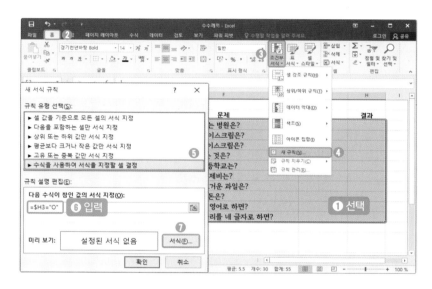

💡 F4 를 두 번 누르면 행의 $가 삭제되어 행 고정이 해제됩니다.

05 **[셀 서식]** 대화상자의 **[글꼴] 탭**에서 글꼴 스타일과 글꼴 색을 지정하고 **[확인]**을 클릭한 후 **[새 서식 규칙]** 대화상자의 **[확인]**을 클릭해요.

· ❷ 글꼴 스타일(굵게) ❸ 글꼴 색(파랑)

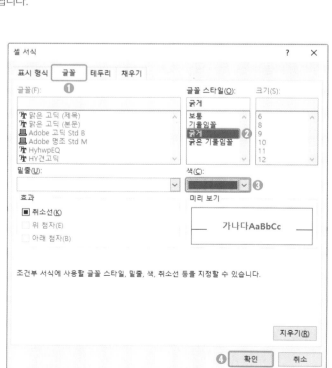

01 맞힌 문제의 개수를 구하기 위해 **[E14:F14]**, **[G14:H14]** 영역을 Ctrl을 이용하여 선택한 후 **[홈] 탭-[맞춤] 그룹-[병합하고 가운데 맞춤]**을 클릭해요.

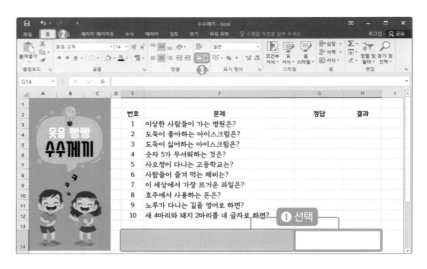

02 **[Sheet2]**의 **[A1]** 셀에 여러분의 이름을 입력하고 **[Sheet1]**의 **[E14]** 셀을 선택하여 여러분의 이름이 표시되도록 **=Sheet2!A1**을 입력한 후 **&"님의 수수께끼 정답 개수는?"**을 입력해요.

· [E14] : =Sheet2!A1&"님의 수수께끼 정답 개수는?"

03 **[G14]** 셀을 선택하고 **[수식] 탭-[함수 라이브러리] 그룹-[함수 더 보기]-[통계]-[COUNTIF]**를 클릭한 후 **[함수 인수]** 대화상자에 다음과 같이 입력한 다음 **[확인]**을 클릭해요.

· Range : H3:H12   [H3:H12] 영역에서
· Criteria : "O"   텍스트 "O"가 있는 셀의 개수를 구함

04 수식 입력줄에 입력된 수식 뒤쪽을 클릭하여 **&"개입니다!!"**를 입력해요.

4 수수께끼 표 꾸미기

01 수수께끼 부분을 표로 변환하기 위해 **[E2:H12]**를 선택하고 **[홈] 탭-[스타일] 그룹-[표 서식]-[표 스타일 보통 7]**을 클릭한 후 [표 서식] 대화상자에서 [확인]을 클릭해요.

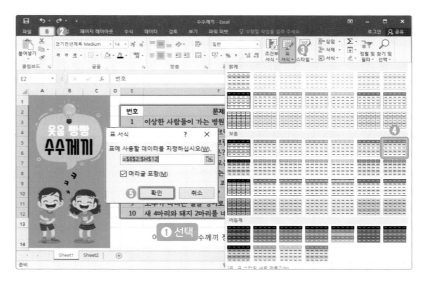

02 각 열의 머리글 행에 필터 단추(▼)가 표시되지 않도록 하기 위해 **[표 도구-디자인] 탭-[표 스타일 옵션] 그룹**에서 **[필터 단추]**를 체크 해제해요.

03 **[E14:H14]** 영역을 선택하고 **[홈] 탭-[글꼴] 그룹**에서 글꼴과 글꼴 크기, 테두리, 채우기 색을 다음과 같이 설정해요.

- ❸ 글꼴(경기천년제목 Medium) ❹ 글꼴 크기(24pt)
  ❺ 테두리(굵은 바깥쪽 테두리) ❼ 채우기 색(주황)

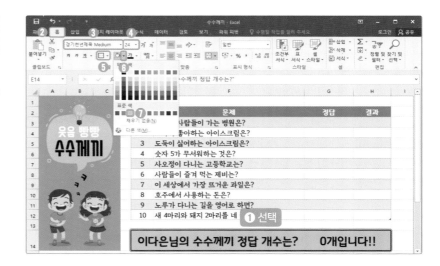

04 **[G3:G12]** 영역에 정답을 입력하여 맞으면 'O', 틀리면 'X'가 표시되는지, 그리고 맞힌 개수가 표시되는지 확인한 후에 여러분이 만든 수수께끼를 친구들과 재미있게 즐겨 보세요.

1 '지능유형 테스트.xlsx' 파일을 실행하여 내용을 입력하고 작성 조건에 따라 문서를 완성해 보세요.

· 실습파일 : 지능유형 테스트.xlsx   · 완성파일 : 지능유형 테스트(완성).xlsx

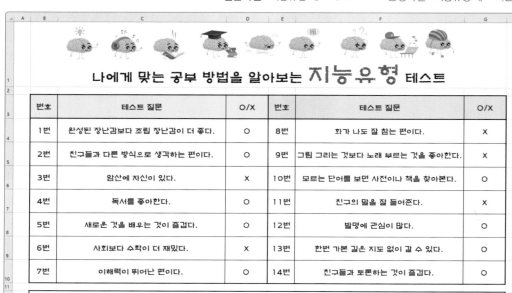

나에게 맞는 공부 방법을 알아보는 **지능유형** 테스트

번호	테스트 질문	O/X	번호	테스트 질문	O/X
1번	완성된 장난감보다 조립 장난감이 더 좋다.	O	8번	화가 나도 잘 참는 편이다.	X
2번	친구들과 다른 방식으로 생각하는 편이다.	O	9번	그림 그리는 것보다 노래 부르는 것을 좋아한다.	X
3번	암산에 자신이 있다.	X	10번	모르는 단어를 보면 사전이나 책을 찾아본다.	O
4번	독서를 좋아한다.	O	11번	친구의 말을 잘 들어준다.	X
5번	새로운 것을 배우는 것이 즐겁다.	O	12번	발명에 관심이 많다.	O
6번	사회보다 수학이 더 재밌다.	X	13번	한번 가본 길은 지도 없이 갈 수 있다.	O
7번	이해력이 뛰어난 편이다.	O	14번	친구들과 토론하는 것이 즐겁다.	O

나의 'O' 개수는 9개 입니다!

"암기력이 뛰어난 당신은 IQ 왕"
당신에게 맞는 공부 방법은 개념과 원리를 이해하고 통째로 외워봐!!

 작성 조건

테스트 질문 입력	· [C4:C10], [F4:F10] 영역
O/X 입력	· [D4:D10], [G4:G10] 영역에 테스트 질문에 대한 O/X 입력 · O, X는 영문 대문자 이용
[B12] 셀	· "나의 'O' 개수는" 입력
[E12] 셀	· COUNTIF 함수를 2개 사용하여 [D4:D10] 영역에서 텍스트 "O"가 있는 셀의 개수와 [G4:G10] 영역에서 텍스트 "O"가 있는 셀의 개수를 더함 · [셀 서식]-[표시 형식] 탭-[사용자 지정]의 형식에 0"개 입니다!" 입력
[B14] 셀	· '=IF(ISBLANK(E12),"",VLOOKUP(E12,결과!B3:C7,2))' 입력

힌트   =COUNTIF(_____,_____)+COUNTIF(_____,_____)

20 가로세로 낱말퀴즈 게임

평소에 가로세로 낱말퀴즈를 즐겨 풀던 은정이는 엑셀로 게임을 만들면 좋겠다는 생각이 들었어요. 문제를 보고 입력한 답이 정답이면 색깔을 다르게 표시하는 기능까지 추가하고 싶은데요. 은정이와 함께 재미있는 가로세로 낱말퀴즈 게임을 만들어 볼까요?

학습목표
» 가로세로 낱말퀴즈 문제를 입력할 수 있습니다.
» 시트를 그룹화하고 그룹 해제할 수 있습니다.
» 조건부 서식을 설정하여 정답을 파란색으로 표시할 수 있습니다.

· **실습파일** : 가로세로 낱말퀴즈.xlsx   · **완성파일** : 가로세로 낱말퀴즈(완성).xlsx

미리보기

<가로 문제>
1. 유럽 대륙을 정복하였던 프랑스의 황제(초성: ㄴㅍㄹㅇ)
4. 정육면체의 각 면에 1~6개의 점을 새긴 놀이 도구
5. 반을 대표하는 학생. 학급회장이라고도 함
7. 검은색 옷을 입고 검은말을 탄 기사
9. 꿀을 따다 나르는 벌
10. 레몬즙에 단맛을 더한 음료

<세로 문제>
1. 동서남북을 가리키는 도구
2. 조선 시대에 후궁에서 난 딸. 덕혜○○
3. 부피가 매우 큰 돌. 가위○○보
6. 모기의 애벌레(초성: ㅈㄱㅂㄹ)
7. 검은빛을 지닌 진주
8. 강수량이 적고 모래로 뒤덮인 지역. 사하라○○

¹나	폴	레	²옹		³바
침			⁴주	사	위
⁵판	⁶장				
	기		⁷검	기	⁸사
⁹꿀	벌		은		막
	¹⁰레	몬	음	료	

오늘 배울 기능

➡ **시트 복사 및 이름 변경하기** : 시트 이름을 Ctrl을 누른 채 드래그한 후 시트 이름을 더블클릭하여 이름 입력
➡ **정답 서식 설정하기** : [홈] 탭-[스타일] 그룹-[조건부 서식]-[새 규칙]-[수식을 사용하여 서식을 지정할 셀 결정]
➡ **서식만 복사하기** : [홈] 탭-[클립보드] 그룹-[붙여넣기]-[서식]

01 엑셀 2016 프로그램을 실행하여 [20 차시] 폴더의 '**가로세로 낱말퀴즈.xlsx**' 파일을 열어요.

02 문제를 입력할 칸을 만들기 위해 Ctrl 을 이용하여 [B3:I5] 영역과 [B7:I9] 영역을 선택한 후 [**홈**] **탭**-[**맞춤**] **그룹**-[**병합하고 가운데 맞춤**]을 클릭하고 [**홈**] **탭**-[**글꼴**] **그룹**-[**테두리**]-[**굵은 바깥쪽 테두리**]를 클릭해요.

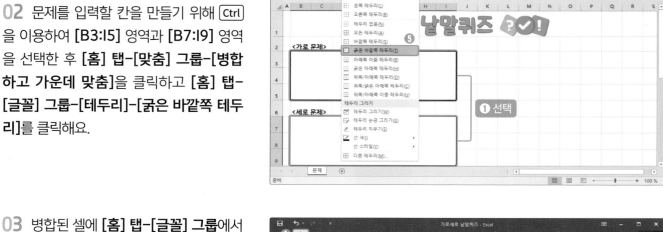

03 병합된 셀에 [**홈**] **탭**-[**글꼴**] **그룹**에서 글꼴과 글꼴 크기를 설정하고 [**맞춤**] **그룹**에서 텍스트 맞춤을 설정한 후 다음과 같이 문제를 입력해요.

- ❷ 글꼴(경기천년제목 Medium) ❸ 글꼴 크기(13pt)
- ❹ 텍스트 맞춤(왼쪽 맞춤)

셀 내에서 줄을 바꾸려면 Alt + Enter 를 누르면 됩니다.

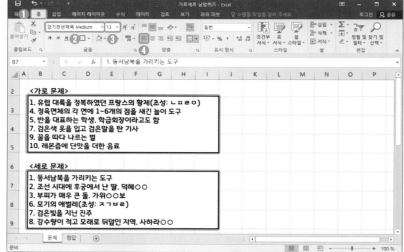

04 낱말을 입력할 칸을 만들기 위해 [K3:P8] 영역을 선택한 후 [**홈**] **탭**-[**글꼴**] **그룹**-[**테두리**]-[**모든 테두리**]를 클릭해요.

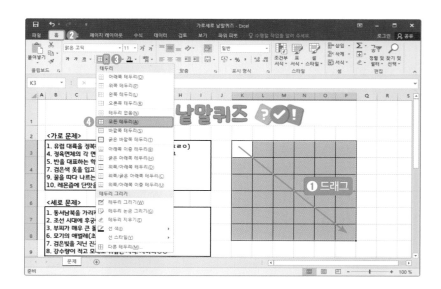

② 문제 번호 입력하기

01 문제 번호를 만들기 위해 **[삽입] 탭-[텍스트] 그룹-[텍스트 상자]-[가로 텍스트 상자]**를 클릭하고 **[K3]** 셀의 왼쪽 위를 클릭하여 **1**을 입력해요.

02 **[홈] 탭-[글꼴] 그룹**에서 글꼴을 설정하고 **[맞춤] 그룹**에서 텍스트 맞춤을 설정해요.

· ❸ 글꼴(경기천년제목 Medium), 텍스트 맞춤(❹ 세로 가운데 맞춤, ❺ 가로 가운데 맞춤)

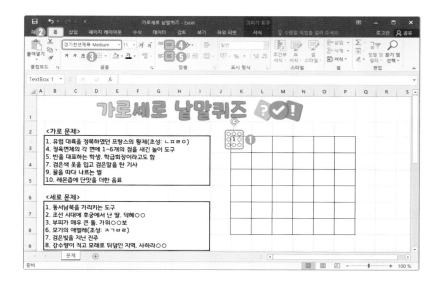

03 다른 셀에도 문제 번호를 표시하기 위해 텍스트 상자를 [Ctrl]+드래그하여 다음과 같이 복사한 후 숫자를 수정해요.

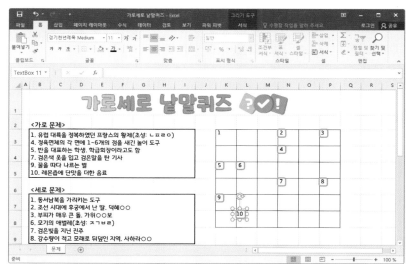

04 낱말을 입력하려고 셀을 클릭할 때 문제 번호가 선택되지 않도록 하기 위해 [Ctrl]을 이용하여 텍스트 상자를 모두 선택하고 **[그리기 도구-서식] 탭-[크기] 그룹**에서 크기를 작게 해요.

· ❸ 높이(0.4cm), 너비(0.4cm)

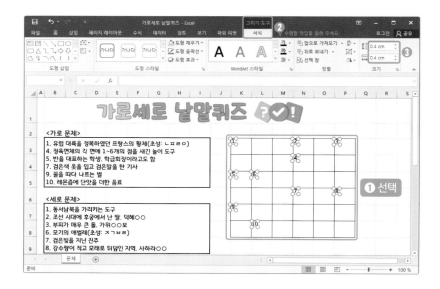

01 정답 시트를 만들기 위해 시트 탭에서 [문제] 시트를 Ctrl을 누른 채 오른쪽으로 드래그하여 시트를 복사한 후 시트 이름을 더블클릭하여 **정답**을 입력해요.

02 [정답] 시트에 가로세로 낱말퀴즈의 정답을 입력하고 [K3:P8] 영역을 선택한 후 [홈] 탭-[글꼴] 그룹에서 글꼴과 글꼴 크기를 설정한 다음 [맞춤] 그룹에서 텍스트 맞춤을 설정해요.

· ⑥ 글꼴(경기천년제목 Medium) ⑦ 글꼴 크기(20pt)
  ⑧ 텍스트 맞춤(가로 가운데 맞춤)

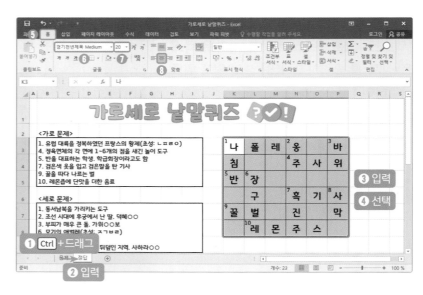

03 [문제] 시트로 이동하여 [K3] 셀을 선택하고 [홈] 탭-[스타일] 그룹-[조건부 서식]-[새 규칙]을 클릭한 후 [새 서식 규칙] 대화상자에서 규칙 유형을 **수식을 사용하여 서식을 지정할 셀 결정**을 선택해요.

04 다음 수식이 참인 값의 서식 지정 상자 안쪽을 클릭하고 [K3] 셀을 선택하여 모든 $를 삭제한 후 =을 입력해요. [정답] 시트의 [K3] 셀을 선택하고 모든 $를 삭제해요.

· =K3=정답!K3

💡 F4를 세 번 누르면 열과 행의 $가 삭제되어 상대 참조로 변경됩니다.

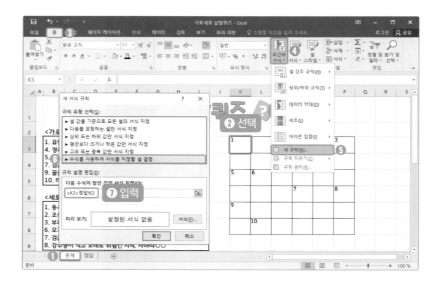

05 [서식]을 클릭하여 [셀 서식] 대화상자의 [글꼴] 탭에서 글꼴 색을 **파랑**으로 지정하고 [확인]을 클릭한 후 [새 서식 규칙] 대화상자의 [확인]을 클릭해요.

06 완성된 조건부 서식을 낱말 입력 칸의 모든 셀에 복사하기 위해 **[K3]** 셀을 선택하고 복사한 후 **[K3:P8]** 영역을 선택하여 **[홈] 탭-[클립보드] 그룹-[붙여넣기]-[서식(⅘)]**을 클릭해요.

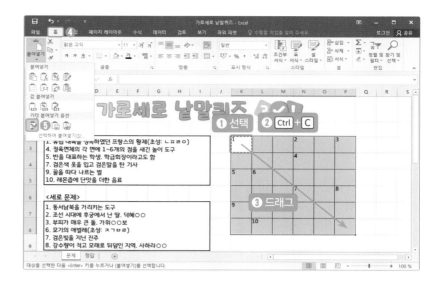

07 **[문제]**와 **[정답]** 시트를 그룹화하기 위해 Shift 를 누른 채 **[정답]** 시트를 클릭한 후 Ctrl 을 이용하여 빈 칸에 해당하는 셀을 선택해요.

08 **[홈] 탭-[글꼴] 그룹**에서 채우기 색을 지정하고 **[K3:P8]** 영역을 선택한 후 **[테두리]-[굵은 바깥쪽 테두리]**를 클릭해요.

· ❹ 채우기 색(파랑, 강조 1, 60% 더 밝게)

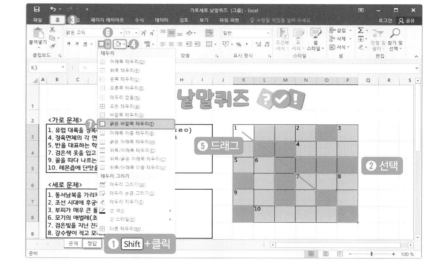

09 시트 탭에서 마우스 오른쪽 버튼을 클릭하고 **[시트 그룹 해제]**를 클릭하여 시트 그룹을 해제한 후 **[문제]** 시트에서 **[K3:P8]** 영역을 선택하여 글꼴과 텍스트 맞춤을 지정해요.

· ❹ 글꼴(경기천년제목 Medium) ❺ 글꼴 크기(20pt)
  ❻ 텍스트 맞춤(가로 가운데 맞춤)

10 문제를 보고 낱말을 입력해 보세요. 정답과 일치하면 지정한 글꼴 색으로 바뀌고, 일치하지 않으면 변화가 없답니다.

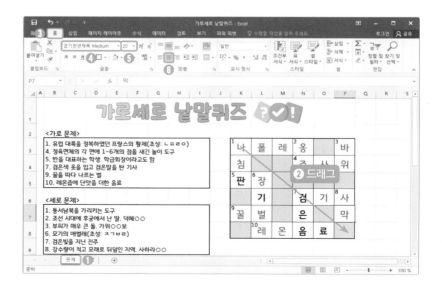

① '끝말잇기게임.xlsx' 파일을 실행하여 작성 조건에 따라 문서를 완성해 보세요.

· 실습파일 : 끝말잇기게임.xlsx   · 완성파일 : 끝말잇기게임(완성).xlsx

1번	2번	3번	4번	5번	6번	7번	8번
START~~~	맞았어	맞았어	맞았어	맞았어	맞았어	맞았어	맞았어
보라	라면	면발	발냄새	새알	알까기	기러기	기차
9번	10번	11번	12번	13번	14번	15번	16번
맞았어	틀렸어	맞았어	틀렸어	어서 입력해!!	어서 입력해!!	어서 입력해!!	어서 입력해!!
차표	포수	수발	방귀				
17번	18번	19번	20번	21번	22번	23번	24번
어서 입력해!!	어서 입력해!!	어서 입력해!!	어서 입력해!!	어서 입력해!!	어서 입력해!!	어서 입력해!!	어서 입력해!!

🧭 **작성 조건**

문제 번호	· 채우기 핸들을 이용하여 입력
[B4] 셀	· "START~~~" 입력
[C4] 셀	· '=IF(ISBLANK(C5),"어서 입력해!!",IF(RIGHT(B5,1)=LEFT(C5,1),"맞았어","틀렸어"))' 입력 – 셀이 비어 있으면 "어서 입력해!!"를 표시 – 바로 앞 단어의 끝 글자와 이번 단어의 시작 글자가 같으면 "맞았어"를 표시 – 바로 앞 단어의 끝 글자와 이번 단어의 시작 글자가 같지 않으면 "틀렸어"를 표시
함수 복사	· [C4] 셀에서 [홈] 탭-[클립보드] 그룹-[복사]를 클릭 · [D4:I4] 영역을 선택한 후 Ctrl을 이용해 [B7:I7], [B10:I10] 영역을 추가로 선택 · [홈] 탭-[클립보드] 그룹-[붙여넣기]-[수식(📋fx)]을 클릭하여 붙여넣기
[B7] 셀	· 줄이 바뀌는 부분의 수식 수정 · 수식 '=IF(ISBLANK(B8),"어서 입력해!!",IF(RIGHT(A8,1)=LEFT(B8,1),"맞았어","틀렸어"))'에서 'A8'을 'I5'로 수정 · [홈] 탭-[클립보드] 그룹-[복사]를 클릭
[B10] 셀	· [홈] 탭-[클립보드] 그룹-[붙여넣기]-[수식(📋fx)]을 클릭하여 붙여넣기
조건부 서식	· [B3:I11] 영역 지정 · [홈] 탭-[스타일] 그룹-[조건부 서식]-[새 규칙] 클릭 · 규칙 유형 선택 : 수식을 사용하여 서식을 지정할 셀 결정 · 다음 수식이 참인 값의 서식 지정 : =B3="틀렸어" · 서식 : [채우기] 탭-[배경색]-[빨강] 설정

흥미진진 캐릭터 오목 게임

오빠에게 오목을 배운 수아는 캐릭터로 오목알을 만들고 게임 점수판까지 만들고 싶어요. 인간팀과 로봇팀의 대결이라는 주제로 만들고 점수판에 한 팀의 승패만 기록하면 다른 팀의 승패가 자동으로 나오게 하고 싶어요. 수아와 함께 캐릭터 오목 게임을 만들어 볼까요?

학습목표
» 다른 팀의 승패를 자동으로 표시할 수 있습니다.
» 어느 팀이 이겼는지 최종 결과를 자동으로 표시할 수 있습니다.
» 캐릭터 오목알과 오목판을 만들 수 있습니다.

· **실습파일** : 캐릭터 오목 게임.xlsx, 인간.jpg, 로봇.jpg   · **완성파일** : 캐릭터 오목 게임(완성).xlsx

미리보기

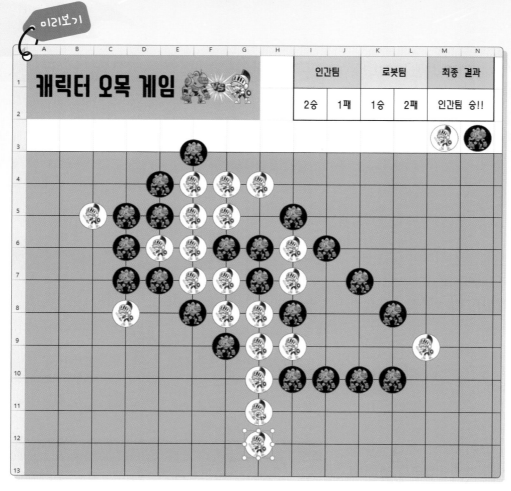

➡ **행 높이 및 열 너비 변경하기** : [홈] 탭-[셀] 그룹-[서식]-[행 높이]/[열 너비]

➡ **최종 결과 구하기** : [수식] 탭-[함수 라이브러리] 그룹-[논리]-[IF]

➡ **도형을 그림으로 채우기** : [도형 서식]-[채우기]-[그림 또는 질감 채우기]-[파일]

01 [21차시] 폴더의 '캐릭터 오목 게임.xlsx' 파일을 열어 Ctrl+A를 눌러 모든 셀을 선택한 후 [홈] 탭-[셀] 그룹-[서식]-[행 높이]를 클릭하여 [행 높이] 대화상자에서 52를 입력하고 [확인]을 클릭해요.

02 같은 방법으로 [열 너비]를 8로 설정해요.

💡 왼쪽 위의 [모두 선택(◢)] 버튼을 클릭해도 모든 셀을 선택할 수 있습니다.

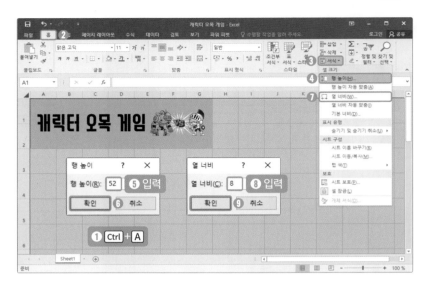

03 Ctrl을 이용하여 [I1:J1], [K1:L1], [M1:N1], [M2:N2] 영역을 선택하고 [홈] 탭-[맞춤] 그룹-[병합하고 가운데 맞춤]을 클릭해요.

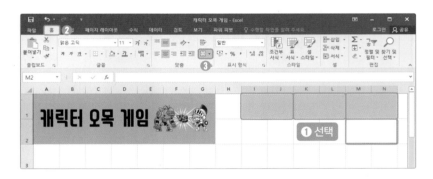

04 [I1:N2] 영역을 선택하여 [홈] 탭-[글꼴] 그룹에서 글꼴과 글꼴 크기, 테두리를 설정한 후 [맞춤] 그룹에서 텍스트 맞춤을 설정해요.

· ❸ 글꼴(휴먼모음T) ❹ 글꼴 크기(16pt) ❺ 테두리 (모든 테두리, 굵은 바깥쪽 테두리) ❻ 텍스트 맞춤 (가로 가운데 맞춤)

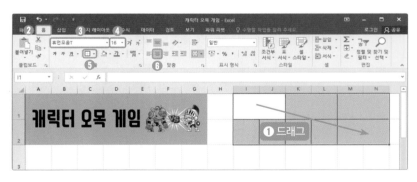

05 [I1], [K1], [M1]에 텍스트를 입력하고 [홈] 탭-[글꼴] 그룹-[채우기 색]에서 다음과 같이 설정해요.

· [I1] : 텍스트(인간팀), 채우기 색(녹색, 강조 6, 60% 더 밝게)

· [K1] : 텍스트(로봇팀), 채우기 색(흰색, 배경 1, 15% 더 어둡게)

· [M1] : 텍스트(최종 결과), 채우기 색(주황)

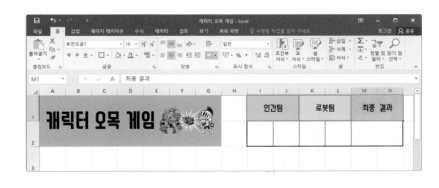

2 다른 팀 승패 자동으로 표시하기

01 이긴 게임의 숫자 뒤에 **승**을 넣기 위해 Ctrl을 이용하여 [I2], [K2]를 선택하고 Ctrl+1을 눌러 [셀 서식] 대화상자의 [표시 형식] 탭-[사용자 지정]의 형식에 0"**승**"을 입력한 후 [확인]을 클릭해요.

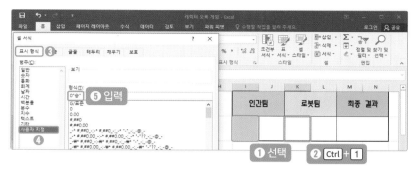

02 같은 방법으로 [J2], [L2]를 선택하고 [셀 서식]의 [표시 형식] 탭-[사용자 지정] 형식에 0"**패**"를 설정해요.

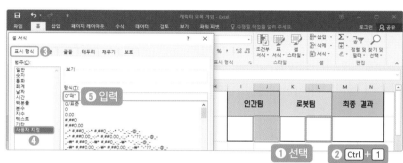

03 '인간팀'의 승패를 입력하면 '로봇팀'의 승패가 자동으로 입력되게 하기 위해 [K2] 셀을 선택하고 [수식] 탭-[함수 라이브러리] 그룹-[논리]-[IF]를 클릭한 후 [함수 인수] 대화상자에 다음과 같이 입력한 다음 [확인]을 클릭해요.

· Logical_test : ISBLANK(J2)　　　[J2] 셀이 비었는가?
· Value_if_true : ""　　　　　　　참이면 공백을 표시
· Value_if_false : J2　　　　　　　거짓이면 [J2] 셀의 값을 표시

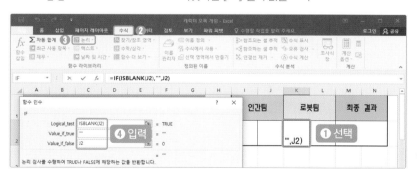

🔦 로봇팀의 승은 인간팀의 패와 값이 같습니다.

04 같은 방법으로 [L2] 셀을 선택하고 다음과 같이 수식을 입력해요.

· Logical_test : ISBLANK(I2)　　　[I2] 셀이 비었는가?
· Value_if_true : ""　　　　　　　참이면 공백을 표시
· Value_if_false : I2　　　　　　　거짓이면 [I2] 셀의 값을 표시

🔦 로봇팀의 패는 인간팀의 승과 값이 같습니다.

③ 최종 결과 자동으로 표시하기

01 인간팀과 로봇팀의 승패에 따라 최종 결과를 자동으로 표시하기 위해 **[M2]**를 선택하고 **[수식] 탭-[함수 라이브러리] 그룹-[논리]-[IF]**를 클릭한 후 **[함수 인수]** 대화상자에 다음과 같이 입력해요.

· Logical_test : SUM(I2,J2)=0   인간팀 승패 셀이 비었는가?
· Value_if_true : "경기 전"   참이면 "경기 전"을 표시

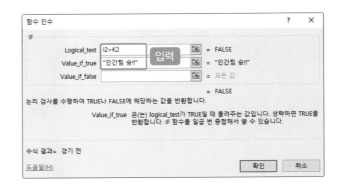

02 **Value_if_false** 상자 안쪽을 클릭하고 왼쪽 위의 이름 상자에 있는 **IF 함수(** IF **)**를 클릭하여 **두 번째 IF 함수**가 삽입되면 다음과 같이 입력해요.

· Logical_test : I2>K2   인간팀이 더 많이 이겼는가?
· Value_if_true : "인간팀 승!!"   참이면 "인간팀 승!!"을 표시

💡 이름 상자에 M2가 표시되는데 마우스 포인터를 가져가면 IF로 바뀝니다.

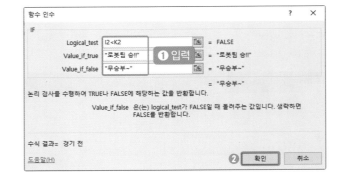

03 **Value_if_false** 상자 안쪽을 클릭하고 이름 상자의 **IF 함수**를 클릭하여 **세 번째 IF 함수**가 삽입되면 다음과 같이 입력한 후 **[확인]**을 클릭해요.

· Logical_test : I2<K2   로봇팀이 더 많이 이겼는가?
· Value_if_true : "로봇팀 승!!"   참이면 "로봇팀 승!!"을 표시
· Value_if_false : "무승부~"   거짓이면 "무승부~"를 표시

④ 캐릭터 오목알과 오목판 만들기

01 캐릭터 오목알을 만들기 위해 **[삽입] 탭-[일러스트레이션] 그룹-[도형]-[기본 도형]-[타원(◯)]**을 클릭하여 타원을 그린 후 **[그리기 도구-서식] 탭-[크기] 그룹**에서 크기를 설정해요.

· ❸ 높이(1.5cm) 너비(1.5cm)

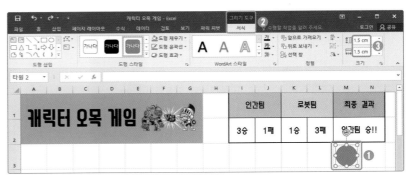

02 도형을 마우스 오른쪽 버튼으로 클릭하여 [도형 서식]을 클릭한 후 [도형 서식] 작업 창에서 [채우기]-[그림 또는 질감 채우기]-[파일]을 클릭하여 [21차시] 폴더의 '인간.jpg'를 삽입해요.

03 오목알을 Ctrl+드래그하여 복제한 후 같은 방법으로 '로봇.jpg' 그림 파일로 채워요.

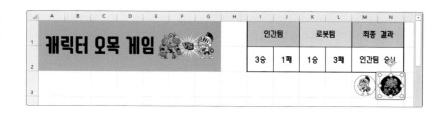

04 오목판을 만들기 위해 **4행**의 행 머리글을 클릭하고 Shift를 누른 채 **20행**의 행 머리글을 클릭하여 영역을 지정해요.

05 [홈] 탭-[글꼴] 그룹-[테두리]-[모든 테두리]를 클릭하고 [색 채우기]-[다른 색]을 클릭하여 [색] 대화상자의 [사용자 지정] 탭에서 다음과 같이 설정한 후 [확인]을 클릭해요.

· ❻ 빨강(220) 녹색(180) 파랑(90)

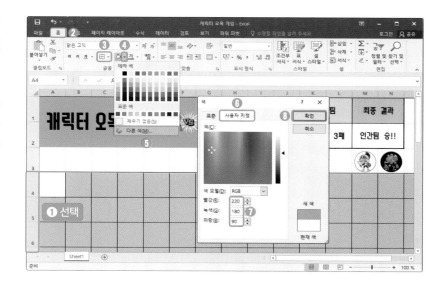

06 머리글을 숨기기 위해 [보기] 탭-[표시] 그룹에서 [머리글]을 체크 해제해요.

07 오목알을 Ctrl을 누른 채 원하는 위치로 드래그하여 게임하면서 승패 결과를 입력해 보세요.

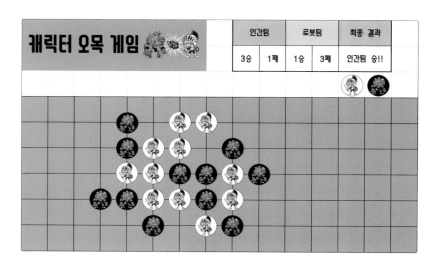

1 '빙고게임.xlsx' 파일을 실행하여 내용을 입력하고 작성 조건에 따라 문서를 완성해 보세요.

• **실습파일** : 빙고게임.xlsx, 이미지 파일(캐릭터1, 캐릭터2)　　• **완성파일** : 빙고게임(완성).xlsx

작성 조건

숫자 입력	• 청팀과 홍팀의 빙고 칸에 각각 숫자 입력

1	7	4	15
11	5	2	10
3	12	6	14
8	6	13	9

11	12	13	14
10	1	2	3
9	16	15	4
8	7	6	5

청팀	• [A3] 셀 : "청팀" 입력 • [A3:A4] 영역 : 채우기 색(파랑, 강조 5, 80% 더 밝게), 모든 테두리
홍팀	• [N3] 셀 : "홍팀" 입력 • [N3:N4] 영역 : 채우기 색(주황, 강조 2, 80% 더 밝게), 모든 테두리
빙고용 말	• 청팀 　– 타원, 높이/너비 1.8cm, 그림 채우기(캐릭터1) 　– [A4] 셀로 이동 • 홍팀 　– 포인트가 7개인 별, 높이/너비 1.8cm, 그림 채우기(캐릭터2) 　– [N4] 셀로 이동
게임 방법	• 가위바위보로 순서를 정함 • 각자 숫자를 부르고, 호명된 숫자에 Ctrl을 누른 채 도형을 드래그함 • 대각선을 포함해서 한 줄에 도형 4개가 위치하면 '빙고'라고 외치고 게임을 이김

22 영어 단어 맞히기 게임

지윤이는 어려운 영어 단어를 쉽게 외울 수 있는 방법이 없을까 고민 중이에요. 동물 그림 조각을 보고 영어 단어를 입력하면 자동으로 채점해 주는 재미있는 영어 단어 맞히기 게임을 엑셀로 만들어 볼까요?

학습목표
» 그림을 삽입하고 자를 수 있습니다.
» 알파벳을 하나씩 선택으로 정답을 입력할 수 있습니다.
» 정답이 맞는지 확인하고 몇 문제를 맞혔는지 표시할 수 있습니다.

· **실습파일** : 영어 단어 게임.xlsx, 동물1~동물5.jpg · **완성파일** : 영어 단어 게임(완성).xlsx

미리보기

오늘 배울 기능

➜ **그림 자르기** : [그림 도구-서식] 탭-[크기] 그룹-[자르기]
➜ **정답 여부 판별하기** : [수식] 탭-[함수 라이브러리] 그룹-[논리]-[IF]
➜ **맞힌 개수 구하기** : [수식] 탭-[함수 라이브러리] 그룹-[함수 더 보기]-[통계]-[COUNTIF]

1 동물 그림 조각으로 문제 만들기

01 엑셀 2016 프로그램을 실행하여 [22차시] 폴더의 **'영어 단어 게임.xlsx'** 파일을 열어요.

02 **[C4]** 셀을 선택하고 **[삽입] 탭-[일러스트레이션] 그룹-[그림]**을 클릭하여 [그림 삽입] 대화상자에서 [22차시] 폴더의 **'동물1.jpg'**를 선택한 후 [삽입]을 클릭해요.

03 그림이 삽입되면 그림을 자르기 위해 **[그림 도구-서식] 탭-[크기] 그룹-[자르기]**를 클릭하여 검은색 자르기 핸들을 드래그한 후 [Esc]를 눌러요.

04 자른 그림을 드래그하여 **[C4]** 셀로 이동시킨 후 셀 크기에 맞춰 크기를 조절해요.

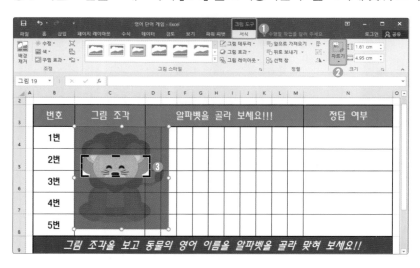

05 같은 방법으로 나머지 동물 그림들도 삽입하여 자른 후 위치를 이동하여 다음과 같이 만들어요.

128

② 알파벳 선택으로 정답 입력하기

01 알파벳을 목록에서 선택하기 위해 정
답을 입력할 **[D4:M8]** 영역을 선택하고
**[데이터] 탭-[데이터 도구] 그룹-[데이터
유효성 검사]-[데이터 유효성 검사]**를 클
릭해요.

02 [데이터 유효성] 대화상자의 **[설정]
탭**에서 제한 대상은 **목록**, 원본은 상자 안쪽
을 클릭하여 **알파벳 A부터 Z까지** 입력한
후 [확인]을 클릭해요.

③ 정답 여부 판별하기

01 입력한 알파벳이 정답인지 아닌지 판별하기 위해 **[N4]** 셀을 선택하고 **[수식] 탭-[함수 라이브러리] 그룹-[논
리]-[IF]**를 클릭한 후 **[함수 인수]** 대화상자에 다음과 같이 입력해요.

- Logical_test : ISBLANK(D4)　　　 [D4] 셀이 비었는가?
- Value_if_true : ""　　　　　　　 참이면 공백 표시

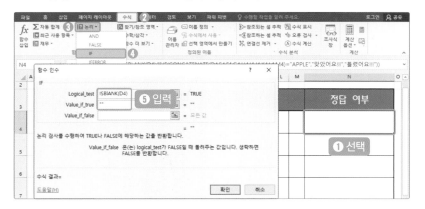

02 **Value_if_false** 상자 안쪽을 클릭하고 왼쪽 위의 이름 상자에 있
는 **IF 함수(** IF **)**를 클릭하여 **두 번째 IF 함수**가 삽입되면 다
음과 같이 입력한 후 [확인]을 클릭해요.

- Logical_test : CONCATENATE(D4,E4,F4,G4,H4,I4,J4,K4,L4,M4)="LION"
  입력한 알파벳이 "LION"인가?
- Value_if_true : "맞았어요~!!"　　 참이면 맞았음을 표시
- Value_if_false : "틀렸어요ㅠ"　　 거짓이면 틀렸음을 표시

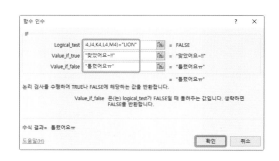

03 [D4:G4] 영역에 알파벳을 선택하여
입력하면 정답 여부가 표시돼요.

💡 단어가 완벽히 맞기 전에는 "틀렸어요ㅠ"가 표시
됩니다.

🐕 ④ 맞힌 문제 개수 구하기

01 [P4] 셀을 선택하고 [수식] 탭-[함수 라이브러리] 그룹-[함수 더 보기]-[통계]-[COUNTIF]를 클릭한 후 [함수 인수] 대화상자에 다음과 같이 입력한 다음 [확인]을 클릭해요.

· Range : N4:N8　　　　　[N4:N8] 영역에서
· Criteria : "맞았어요~!!"　　텍스트 "맞았어요~!!"가 있는 셀의 개수를 구함

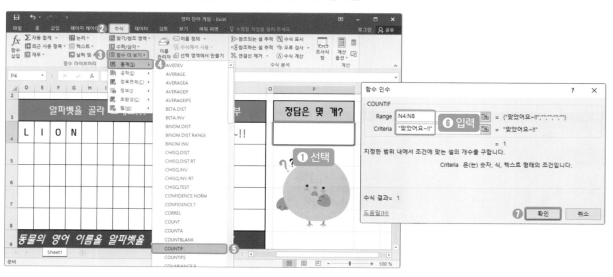

02 수식 입력줄에 입력된 수식 뒤쪽을 클릭하여 &"개"를 입력해요.

03 수식을 복사하기 위해 **[N4]** 셀의 채우기 핸들을 **[N8]** 셀까지 드래그한 후 **[자동 채우기 옵션]** 단추를 클릭하여 **'서식 없이 채우기'**를 선택해요.

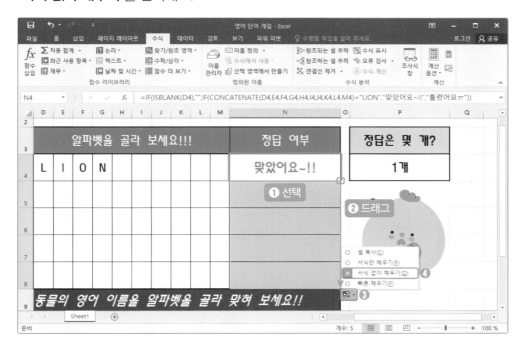

04 **[N5]** 셀을 선택하고 수식 입력줄에서 정답인 **LION**을 지우고 **BEAR**를 입력해요.

05 같은 방법으로 **[N6]** 셀은 ZEBRA, **[N7]** 셀은 ELEPHANT, **[N8]** 셀은 GIRAFFE로 정답을 수정해요.

06 문제를 직접 풀어 보고 몇 문제를 맞혔는지 확인하여 여러분의 영어 단어 실력을 체크해 보세요.

1 '곤충 이름 게임.xlsx' 파일을 실행하여 작성 조건에 따라 문서를 완성해 보세요.

· 실습파일 : 곤충 이름 게임.xlsx, 이미지 파일(곤충1~곤충6)   · 완성파일 : 곤충 이름 게임(완성).xlsx

🧭 작성 조건

그림 삽입	· [삽입] 탭-[일러스트레이션] 그룹-[그림]을 클릭하여 '곤충1.jpg' ~ '곤충6.jpg' 삽입
메모 삽입	· [B3] 셀에 메모 삽입하여 곤충의 영문 이름 "Ladybug" 입력 · [메모 서식] 대화상자 – [글꼴] 탭에서 글꼴 'Arial Black', 크기 '20pt' – [맞춤] 탭에서 '자동 크기' 체크
메모 서식 복사	· [B3] 셀 복사 · Ctrl 을 누른 채 [D3], [F3], [B6], [D6], [F6] 셀 클릭하여 선택 · [홈] 탭-[클립보드] 그룹-[붙여넣기]-[선택하여 붙여넣기]-[메모] · 메모 내용 수정
게임 방법	· 메모를 보지 않고 입력란에 영어를 입력 · 메모를 확인하여 정답인지 아닌지 확인

23 머리가 좋아지는 스도쿠 게임

퍼즐을 좋아하는 지민이는 수학 퍼즐이 있다는 얘기를 듣고 어떤 퍼즐인지 궁금해졌어요. 스도쿠라는 수학 퍼즐인데, 게임 규칙이 생각보다 간단했어요. 엑셀로 스도쿠 게임을 만들고 친구나 가족과 함께 즐겨 볼까요?

학습목표
» 스도쿠 게임 표를 만들 수 있습니다.
» 스도쿠 규칙을 함수에 적용하여 맞는지 여부를 판단할 수 있습니다.
» 조건부 서식을 이용하여 데이터 중복 여부를 판별할 수 있습니다

·**실습파일** : 스도쿠 게임.xlsx · **완성파일** : 스도쿠 게임(완성).xlsx

미리보기

	A	B	C	D	E	F	G	H	I	J	K	L	M	N	O
1															
2						7	8	3	5	4	9	2	1	6	O
3	스도쿠					2	6	5		1	3	7	8	4	X
4	게임					9	4	1	4	2	6	9	5	3	X
5						5	3	2	6		7			1	X
6	(Sudoku Game)					6	1	9						8	X
7						4	7	8	1		2		3	9	X
8						8	2	6			1		4	7	X
9						3	9	4	7					5	X
10						1	5	7	9	8	4	3	6	2	O
11						O	O	O	X	X	X	X	X	O	

오늘 배울 기능

➡ **스도쿠 게임 표 만들기** : [홈] 탭-[글꼴] 그룹-[테두리]-[모든 테두리]/[굵은 바깥쪽 테두리]

➡ **스도쿠 규칙이 맞는지 판단하기** : IF 함수와 SUM 함수 이용하기

➡ **중복 값 찾기** : [홈] 탭-[스타일] 그룹-[조건부 서식]-[새 규칙]-[고유 또는 중복 값만 서식 지정]

01 엑셀 2016 프로그램을 실행하여 [23차시] 폴더의 '**스도쿠 게임.xlsx**' 파일을 열어요.

02 [F2:H4] 영역을 선택하고 [**홈**] 탭-[**글꼴**] 그룹-[**테두리**]에서 [**모든 테두리**]와 [**굵은 바깥쪽 테두리**]를 설정해요.

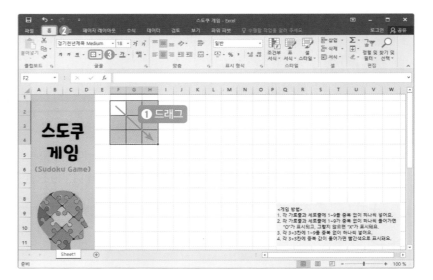

03 테두리를 복사하기 위해 채우기 핸들을 [N4] 셀까지 드래그해요.

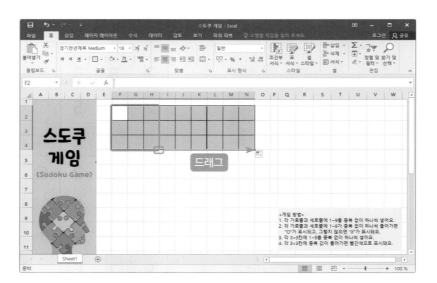

04 채우기 핸들을 다시 [N10] 셀까지 드래그하여 스도쿠 게임 표를 완성해요.

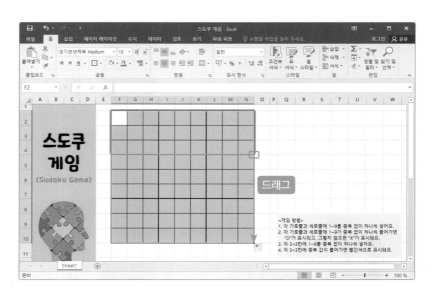

2 각 가로줄과 세로줄이 맞는지 판별하기

01 가로줄의 스도쿠 결과가 맞는지 판별하기 위해 [O2] 셀을 선택하고 [수식] 탭-[함수 라이브러리] 그룹-[논리]-[IF]를 클릭한 후 [함수 인수] 대화상자에 다음과 같이 입력한 다음 [확인]을 클릭해요. (O, X는 영문 대문자 이용)

· Logical_test : SUM(F2:N2)=45　가로줄의 합이 45인가?

· Value_if_true : "O"　　참이면 O 표시

· Value_if_false : "X"　　거짓이면 X 표시

💡 1부터 9까지 한 번씩 입력하면 1부터 9까지의 합인 45가 됩니다.

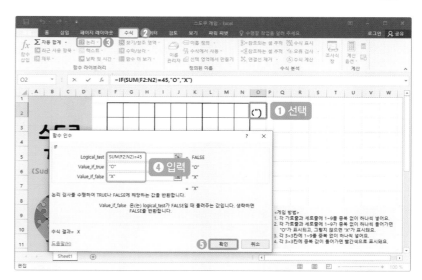

02 수식을 복사하기 위해 [O2] 셀의 채우기 핸들을 [O10] 셀까지 드래그해요.

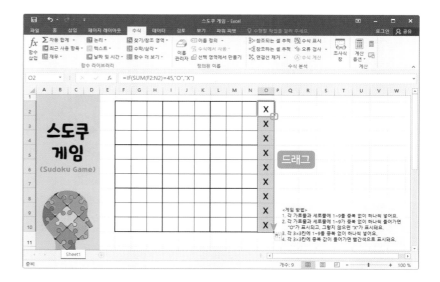

03 같은 방법으로 세로줄을 판별하기 위해 [F11] 셀을 선택하고 [IF] 함수의 [함수 인수] 대화상자에 다음과 같이 입력한 후 [확인]을 클릭해요. (O, X는 영문 대문자 이용)

· Logical_test : SUM(F2:F10)=45　세로줄의 합이 45인가?

· Value_if_true : "O"　　참이면 O 표시

· Value_if_false : "X"　　거짓이면 X 표시

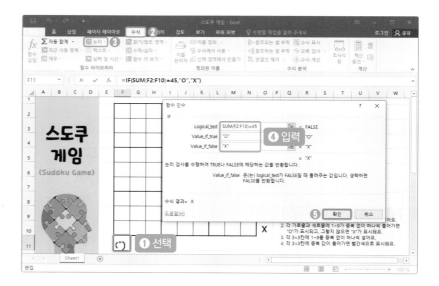

04 수식을 복사하기 위해 [F11] 셀의 채우기 핸들을 [N11] 셀까지 드래그해요.

05 스도쿠 표에 다음과 같이 숫자를 입력해요.

💡 스도쿠 게임은 숫자를 어느 정도 미리 입력해 놓고 게임을 시작합니다.

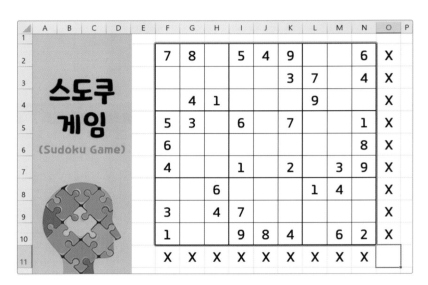

 각 3×3칸에 중복 값 찾기

01 굵은 바깥쪽 테두리로 묶여진 **3×3칸**에 중복 값이 있는지 확인하기 위해 [F2:H4] 영역을 선택하고 [홈] 탭-[스타일] 그룹-[조건부 서식]-[새 규칙]을 클릭해요.

02 [새 서식 규칙] 대화상자에서 규칙 유형을 **고유 또는 중복 값만 서식 지정**을 선택한 후 [서식]을 클릭해요.

03 [셀 서식] 대화상자의 **[글꼴] 탭**에서 글꼴 스타일과 글꼴 색을 지정하고 **[확인]**을 클릭한 후 [새 서식 규칙] 대화상자의 [확인]을 클릭해요.

· ❷ 글꼴 스타일(굵게) ❸ 글꼴 색(빨강)

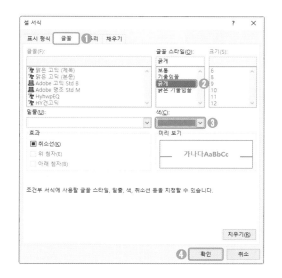

04 같은 방법으로 [I2:K4], [L2:N4], [F5:H7], [I5:K7], [L5:N7], [F8:H10], [I8:K10], [L8:N10] 영역을 각각 선택하여 동일한 조건부 서식을 적용해요.

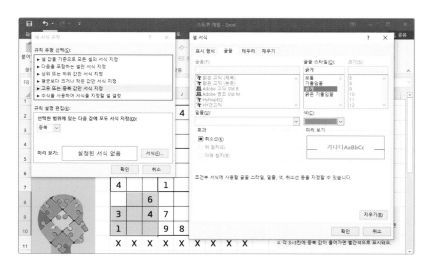

⬗ 스도쿠 게임하기

01 가로줄과 세로줄에 **1~9**의 숫자를 **한 번씩만 사용**해서 입력하고, 각 3×3칸에 1~9의 숫자가 **중복되지 않도록** 입력하면서 스도쿠 게임을 친구나 가족과 함께 즐겨 보세요.

1 '캔캔퍼즐.xlsx' 파일을 실행하여 작성 조건에 따라 문서를 완성해 보세요.

• 실습파일 : 캔캔퍼즐.xlsx   • 완성파일 : 캔캔퍼즐(완성).xlsx

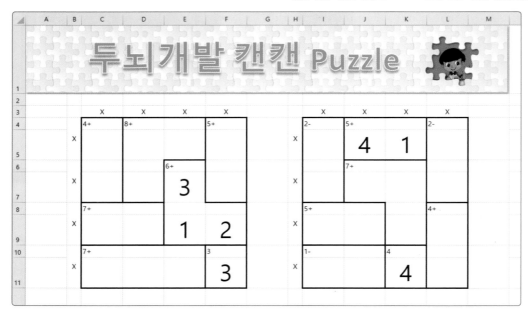

🧭 작성 조건

열 너비 / 행 높이	• B열 : 열 너비 '3' • 4행, 6행, 8행, 10행 : 행 높이 '20' • [B4:B5] 영역 병합하고 가운데 맞춤 후 [B11] 셀까지 채우기 핸들 드래그 • [H4:H5] 영역 병합하고 가운데 맞춤 후 [H11] 셀까지 채우기 핸들 드래그
테두리	• 그림을 보고 굵은 테두리 설정
숫자 입력	• 작은 셀에 숫자와 기호 입력
[C3] 셀	• IF 함수를 사용하여 해당 열의 합이 10이면 O, 그렇지 않으면 X 표시 　– Logical_test : SUM(C5,C7,C9,C11)=10 　– Value_if_true : "O" 　– Value_if_false : "X"
[B4] 셀	• IF 함수를 사용하여 해당 행의 합이 10이면 O, 그렇지 않으면 X 표시 　– Logical_test : SUM(C5,D5,E5,F5)=10 　– Value_if_true : "O" 　– Value_if_false : "X"
기타	• 수식 복사하여 왼쪽 퍼즐 완성 후 왼쪽 퍼즐 복사하여 오른쪽 퍼즐 작성 • 완성 파일의 [정답] 시트에서 정답 확인
게임 방법	• 각 행과 열에는 1~4까지의 숫자를 겹치지 않고 모두 사용해야 한다. • 굵은 테두리 안에 있는 숫자는 제시되어 있는 기호를 사용했을 때 나오는 결과 값이다. • 제시된 기호 중 '–'는 빼기가 아닌 차를 의미하므로, 숫자 배열의 순서는 상관없다.

24 재미있게 배우는 구구단 게임

서연이는 구구단을 외우고 있지만 빨리 답하는 건 아직 자신감이 조금 부족했어요. 그래서 구구단을 재미있게 외우고 문제도 풀 수 있는 게임을 만들고 싶어요. 엑셀을 이용하여 구구단 표를 만들고 자동으로 구구단 문제가 나오게 해서 풀 수 있는 구구단 게임을 만들어 볼까요?

학습목표
» 자동 채우기 기능으로 구구단 표를 만들 수 있습니다.
» 구구단 표를 깔끔하게 꾸밀 수 있습니다.
» RAND 함수로 자동으로 문제를 만들 수 있습니다.

· **실습파일** : 구구단 게임.xlsx, 동물숫자.jpg   · **완성파일** : 구구단 게임(완성).xlsx

미리보기

오늘 배울 기능
➤ **구구단 표 만들기** : $C7(절대 열과 상대 행), D$6(상대 열과 절대 행)
➤ **구구단 문제 자동 출제하기** : RAND 함수와 INT 함수 이용
➤ **그림 삽입하기** : [삽입] 탭-[일러스트레이션] 그룹-[그림]

01 엑셀 2016 프로그램을 실행하여 [24차시] 폴더의 '**구구단 게임.xlsx**' 파일을 열어요.

02 구구단의 숫자를 입력하기 위해 [C7] 셀에 **2**를 입력하고 Ctrl을 누른 채 채우기 핸들을 [C14] 셀까지 드래그하여 **3~9**를 자동으로 채워요.

03 같은 방법으로 [D6] 셀에 **2**를 입력하고 Ctrl을 누른 채 채우기 핸들을 [K6] 셀까지 드래그하여 **3~9**를 자동으로 채워요.

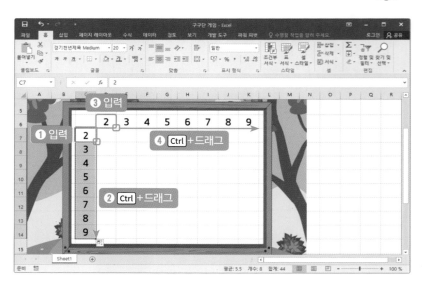

04 세로 숫자와 가로 숫자를 곱한 값을 구하기 위해 [D7] 셀에 **=C7*D6**을 입력한 후 세로는 C열이 고정되므로 **$C7**로 수정하고, 가로는 6행이 고정되므로 **D$6**으로 수정해요.

💡 셀 주소를 지정하고 F4를 누를 때마다 열/행 고정 → 행 고정 → 열 고정 → 고정 해제가 반복됩니다.

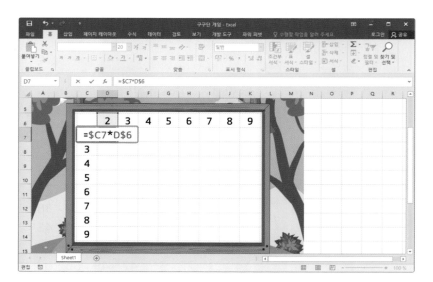

05 9단까지의 곱한 값을 구하기 위해 [D7] 셀의 채우기 핸들을 [K7] 셀까지 드래그한 후 [D7:K7] 영역이 선택된 상태에서 채우기 핸들을 [K14] 셀까지 드래그해요.

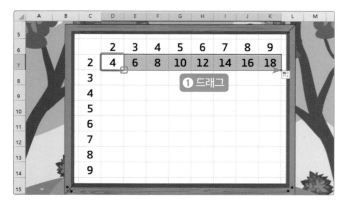

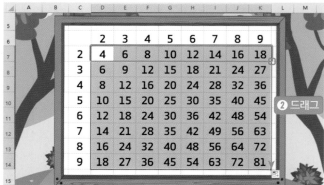

01 구구단 표에 테두리를 적용하기 위해 [C6:K14] 영역을 선택한 후 [홈] 탭-[글꼴] 그룹-[테두리]에서 [모든 테두리]와 [굵은 바깥쪽 테두리]를 설정해요.

02 같은 방법으로 [C6:C14], [C6:K6] 영역을 선택하여 [굵은 바깥쪽 테두리]를 설정해요.

03 구구단 표의 세로 숫자와 가로 숫자에 서식을 지정하기 위해 [C6:C14], [C6:K6] 영역을 선택하고 [홈] 탭-[글꼴] 그룹-[채우기 색]-[녹색]을 클릭해요.

04 [홈] 탭-[글꼴] 그룹-[글꼴 색]-[흰색, 배경 1]을 클릭해요.

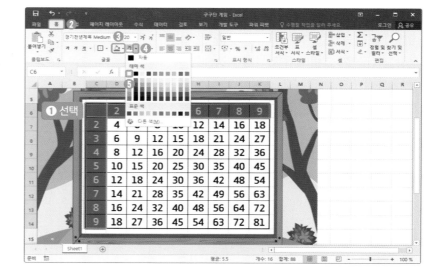

05 [C6] 셀에 대각선을 설정하기 위해 [C6] 셀을 선택하고 [홈] 탭-[글꼴] 그룹-[테두리]-[다른 테두리]를 클릭하여 [셀 서식] 대화상자의 [테두리] 탭에서 선 스타일을 가는 실선으로 선택한 후 하향 대각선을 선택한 다음 [확인]을 클릭해요.

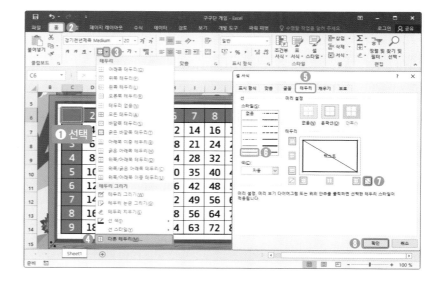

01 구구단 문제 제목을 만들기 위해 [O2:S4] 영역을 선택한 후 [홈] 탭-[맞춤] 그룹-[병합하고 가운데 맞춤]을 클릭해요.

02 [홈] 탭-[글꼴] 그룹에서 글꼴과 글꼴 크기, 채우기 색을 지정한 후 텍스트를 입력해요.

· ❹ 글꼴(경기천년제목 Medium) ❺ 글꼴 크기 (24pt) ❻ 채우기 색(파랑, 강조 1, 60% 더 밝게)

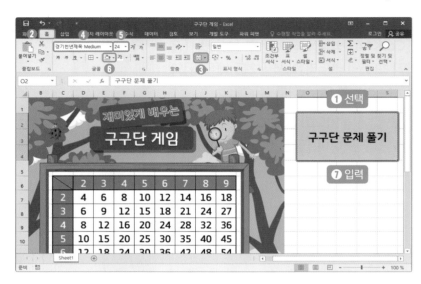

03 [O6:O7] 영역을 선택하여 [홈] 탭-[맞춤] 그룹-[병합하고 가운데 맞춤]을 설정하고, [글꼴] 그룹에서 서식을 설정해요.

· ❹ 글꼴(경기천년제목V Bold) ❺ 글꼴 크기(24pt) ❻ 채우기 색(황금색, 강조 4)

04 [O6:O7] 영역에 =INT((RAND()* (9-2+1))+2)를 입력해요.

💡 · RAND 함수는 0보다 크거나 같고 1보다 작은 난수(무작위로 추출된 수)를 구합니다.
   · 난수를 정수로 구하기 위해서는 RAND 함수와 INT 함수를 함께 사용해야 합니다.
   · A부터 B까지 난수를 정수로 구하는 공식은 '=INT((RAND()*(B-A+1))+A)'입니다.

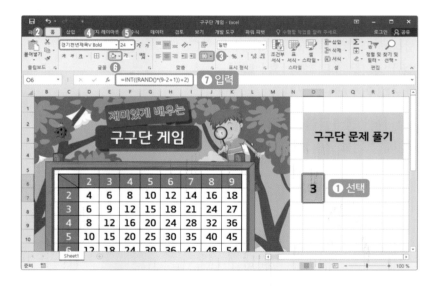

05 [O6] 셀을 선택하고 Ctrl+C를 눌러 복사한 후 [Q6] 셀을 선택한 다음 Ctrl +V를 눌러 붙여 넣어요.

06 [P6:P7]과 [R6:R7] 영역도 병합하고 [글꼴] 그룹에서 서식을 설정한 후 x와 =를 각각 입력해요.

· ❺ 글꼴(경기천년제목V Bold) ❻ 글꼴 크기(24pt)

07 정답이 입력될 [S6:S7] 영역을 병합한 후 [홈] 탭-[글꼴] 그룹에서 서식을 설정해요.

- ④ 글꼴(경기천년제목V Bold) ⑤ 글꼴 크기(24pt)
- ⑥ 채우기 색(진한 빨강) ⑦ 글꼴 색(흰색, 배경 1)

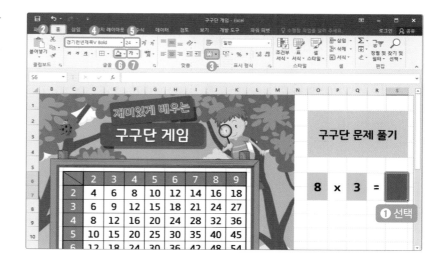

4 게임 규칙 입력하고 게임판 꾸미기

01 문제 규칙을 입력할 [O9:S10] 영역을 선택하고 [홈] 탭-[맞춤] 그룹-[병합하고 가운데 맞춤]을 클릭해요.

02 문제 규칙을 입력한 후 [홈] 탭-[글꼴] 그룹에서 서식을 설정해요.

- 텍스트("정답을 입력하고 Enter를 누르면 다음 문제가 출제됩니다.")
- ④ 글꼴(경기천년바탕 Bold) ⑤ 글꼴 크기(13pt)
- ⑥ 채우기 색(황금색, 강조 4, 80% 더 밝게)

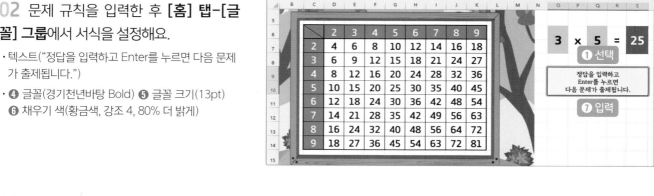

03 그림을 삽입하기 위해 [삽입] 탭-[일러스트레이션] 그룹-[그림]을 클릭하여 [24차시] 폴더의 '동물숫자.jpg'를 모두 삽입한 후 다음과 같이 오른쪽 아래에 배치해요.

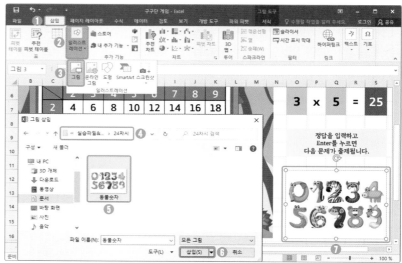

1 '숫자 미로 탈출.xlsx' 파일을 실행하여 작성 조건에 따라 문서를 완성해 보세요.

• **실습파일** : 숫자 미로 탈출.xlsx, 이미지 파일(출발, 도착)　　• **완성파일** : 숫자 미로 탈출(완성).xlsx

숫자 미로 탈출 게임

계산 결과가 '15'인 칸번호를 따라 미로를 탈출하세요!!!

start

1	3 X 5	6	7 + 6	11	12 + 4	16	12 X 2	21	8 + 3
2	20 - 5	7	11 + 4	12	6 + 9	17	12 + 3	22	2 + 12
3	12 + 3	8	9 + 6	13	23 - 7	18	36 - 21	23	9 + 6
4	3 + 11	9	11 + 9	14	4 + 9	19	12 + 6	24	24 - 9
5	15 - 1	10	4 + 7	15	2 X 8	20	28 - 15	25	8 + 7

finish

미로 탈출 비밀번호는 | 1 | 2 | 3 | 8 | | | | | | 입니다!!

O O O O

작성 조건

계산식 입력	• 빈칸에 숫자를 연산 기호와 함께 입력 • 계산 결과가 '15'인 계산식 : '노랑'으로 채우기
비밀번호 입력	• 채우기 색 '노랑'이 적용된 계산식 왼쪽에 기재된 번호를 순서대로 [I15] 셀부터 입력
[I14] 셀	• 비밀번호가 맞으면 'O', 틀리면 'X'가 자동 표시(O, X는 영문 대문자 이용) • =IF(ISBLANK(I13),"",IF(I13=1,"O","X"))
함수식 복사	• [I14]의 채우기 핸들을 [S14] 셀까지 드래그 • 복사된 함수식의 비밀번호 수정 : J14(2), K14(3), L14(8), M14(7), N14(12), O14(17), P14(18), Q14(23), R14(24), S14(25)
그림 삽입	• [삽입] 탭-[일러스트레이션] 그룹-[그림]을 클릭하여 '출발', '도착' 삽입 • '출발.png'와 '도착.png' 삽입 후 배치

💡 비밀번호의 순서는 노랑으로 채운 셀을 직선으로 연결했을 때의 순서입니다.